简明世界史大纲

叶云瑞 / 著

北京理工大学出版社
BEIJING INSTITUTE OF TECHNOLOGY PRESS

版权所有　侵权必究

图书在版编目（CIP）数据

简明世界史大纲 / 叶云瑞著. —北京：北京理工大学出版社，2017.9（2020.5 重印）
ISBN 978-7-5682-4294-3

Ⅰ.①简… Ⅱ.①叶… Ⅲ.①世界史—研究 Ⅳ.① K107

中国版本图书馆 CIP 数据核字（2017）第 186400 号

出版发行 / 北京理工大学出版社有限责任公司
社　　址 / 北京市海淀区中关村南大街 5 号
邮　　编 / 100081
电　　话 / (010) 68914775（总编室）
　　　　　 82562903（教材售后服务热线）
　　　　　 68948351（其他图书服务热线）
网　　址 / http://www.bitpress.com.cn
经　　销 / 全国各地新华书店
印　　刷 / 保定市中画美凯印刷有限公司
开　　本 / 710 毫米 ×1000 毫米　1/16
印　　张 / 15　　　　　　　　　　　　　　　　　　　责任编辑 / 朱　喜
字　　数 / 238 千字　　　　　　　　　　　　　　　　文案编辑 / 朱　喜
版　　次 / 2017 年 9 月第 1 版　2020 年 5 月第 4 次印刷　责任校对 / 刘　娟
定　　价 / 35.00 元　　　　　　　　　　　　　　　　责任印制 / 李志强

图书出现印装质量问题，请拨打售后服务热线，本社负责调换

《简明世界史大纲》例言

（一）本书取材坊间多种教本，依照初中世界史课程标准而编辑，专供初中生课前预习及课后整理之助，亦可供高中生、师范生之参考。

（二）本书每表中所立之标题，有着煞费心思，务期切当，不稍苟且。

（三）本书先提纲挈领、择要说明，便于记忆，阅读者可收事半功倍之效。

（四）本书繁简适度，无舍本逐末之弊。

（五）本书因编者事务冗繁、涉笔匆匆，错误难免，还希海内贤达，有以指正为幸。

目 录

第一编　上古史 1

第一章　古代诸国的文化 3
　　第一节　世界四大文化的发育地 3
　　第二节　埃及 4
　　第三节　两河流域的巴比伦与亚述 6
　　第四节　希伯来与腓尼基 9

第二章　古印度和佛教 12
　　第一节　印度 12
　　第二节　佛教 13
　　第三节　大月氏与佛教 16

第三章　希腊与波斯 17
　　第一节　希腊 17
　　第二节　波斯 19

第三节　希腊的衰落	22
第四节　马其顿帝国	23
第五节　希腊的文化	24

第四章　罗马与安息 27

第一节　罗马的开国 27

第二节　罗马历史的第一期——共和时代的罗马 28

第三节　大夏和安息的建国 33

第四节　安息与罗马的争雄 36

第五节　罗马历史的第二期——帝政时代的罗马 37

第六节　基督教与罗马 39

第七节　欧洲日耳曼民族大迁移和西罗马的灭亡 40

第八节　罗马文化 42

第九节　朝鲜的建国与中国文化的输入 44

第十节　日本的建国与中国文化的东渡 47

第二编　中古史 49

第五章　东罗马帝国与伊斯兰教 51

第一节　中古史概说 51

第二节 东罗马帝国 ………………………………………………………… 53
第三节 波斯与东罗马 ……………………………………………………… 54
第四节 伊斯兰教与大食 …………………………………………………… 56

第六章 中古前半期欧洲的宗教与政治 ………………………………………… 61
第一节 中古的基督教 ……………………………………………………… 61
第二节 教皇制度的兴起 …………………………………………………… 62
第三节 法兰克王国 ………………………………………………………… 63
第四节 查理曼 ……………………………………………………………… 65
第五节 神圣罗马帝国 ……………………………………………………… 68
第六节 欧洲列国的雏形 …………………………………………………… 70

第七章 基督教与伊斯兰教的冲突 ……………………………………………… 73
第一节 突厥民族的兴起 …………………………………………………… 73
第二节 十字军东征 ………………………………………………………… 75

第八章 蒙古民族与土耳其帝国 ………………………………………………… 77
第一节 蒙古民族的兴盛与帖木儿 ………………………………………… 77
第二节 土耳其与东罗马帝国的灭亡 ……………………………………… 80

第九章 中古欧洲的制度与文化 ………………………………………………… 82
第一节 封建制度 …………………………………………………………… 82

第二节　修道院制度 ··· 84

  第三节　中古的文化 ··· 86

第十章　欧洲文艺复兴 ··· 88

  第一节　文艺复兴的意义与原因 ··· 88

  第二节　文学与艺术 ··· 90

  第三节　科学时代的开始 ··· 93

第十一章　欧洲民族国家的成立与地理上的大发现 ····························· 94

  第一节　英法两国在政治上的途径 ··· 94

  第二节　西班牙、葡萄牙和其余诸国 ··· 96

  第三节　新航路的发现 ··· 98

  第四节　美洲的发现 ··· 99

第十二章　宗教革命和宗教战争 ··· 100

  第一节　宗教革命的原因 ··· 100

  第二节　马丁·路德的革命 ··· 102

  第三节　新教的宏布 ··· 103

  第四节　宗教革命的反响 ··· 105

  第五节　三十年战争 ··· 106

第三编　近古史 ······ 107

第十三章　十七八世纪欧洲各大国政局的鸟瞰 ······ 109

- 第一节　近古史的概况 ······ 109
- 第二节　英国的民权革命 ······ 110
- 第三节　路易十四时代的法国 ······ 113
- 第四节　俄罗斯勃兴及中俄交涉 ······ 116
- 第五节　普鲁士的勃兴 ······ 119
- 第六节　波兰的分割 ······ 122

第十四章　欧人的殖民事业与殖民地的竞争 ······ 124

- 第一节　欧人的亚洲殖民 ······ 124
- 第二节　欧人的美洲殖民 ······ 127
- 第三节　英、法殖民事业的竞争 ······ 128
- 第四节　北美洲英国殖民地的独立 ······ 131

第十五章　近年欧洲的旧制度之文艺 ······ 133

- 第一节　佃奴制度与行会制度 ······ 133
- 第二节　贵族与基督教会 ······ 136
- 第三节　近古欧洲的文艺 ······ 138

第四编　近世史 ····· 141

第十六章　法兰西革命与拿破仑 ····· 143
　　第一节　法国革命爆发的原因 ····· 143
　　第二节　法国革命的开端 ····· 145
　　第三节　法国第一共和国的成立 ····· 147
　　第四节　拿破仑的事业 ····· 150
　　第五节　拿破仑的失败 ····· 152

第十七章　反动政治与民族运动 ····· 153
　　第一节　维也纳会议 ····· 153
　　第二节　神圣同盟及其影响 ····· 155
　　第三节　1830年的革命与1848年的革命 ····· 158
　　第四节　拿破仑三世的事业 ····· 161
　　第五节　美国的南北战争 ····· 163
　　第六节　意大利的统一 ····· 166
　　第七节　德意志帝国的成立 ····· 167

第十八章　工业革命 ····· 169
　　第一节　工业革命的起源 ····· 169
　　第二节　社会主义 ····· 171

第十九章　帝国主义的发展 ……………………………………………… 172

第一节　交通机关和商业的发展 ……………………………………… 172
第二节　土耳其的瓦解 ………………………………………………… 173
第三节　波斯的衰落 …………………………………………………… 178
第四节　印度和南洋诸国的灭亡 ……………………………………… 179
第五节　日本的维新和朝鲜的灭亡 …………………………………… 182
第六节　英、美帝国主义的发展 ……………………………………… 184
第七节　帝国主义者的分割非洲 ……………………………………… 186

第五编　现代史 …………………………………………………………… 187

第二十章　欧洲大战前的国际形势 ……………………………………… 189

第一节　欧洲列强的内治 ……………………………………………… 189
第二节　欧洲国际关系的新结合 ……………………………………… 191
第三节　第一次世界大战的起源 ……………………………………… 192

第二十一章　第一次世界大战与巴黎和会 ……………………………… 193

第一节　第一次世界大战的经过 ……………………………………… 193
第二节　俄国的革命 …………………………………………………… 196
第三节　巴黎和会 ……………………………………………………… 198

第二十二章　第一次世界大战后欧洲国际的形势 ································ 200

　　第一节　国际联盟 ··· 200

　　第二节　新兴的国家 ··· 201

　　第三节　欧洲的和平运动 ·· 203

　　第四节　德国赔偿问题的困难 ·· 204

　　第五节　欧洲各国的内政 ·· 206

第二十三章　第一次世界大战后的世界 ·· 211

　　第一节　华盛顿会议 ··· 211

　　第二节　华盛顿会议的结果 ·· 212

　　第三节　第一次世界大战后的美国和日本 ································· 214

　　第四节　拉丁美洲的状况 ·· 216

　　第五节　民族解放运动 ··· 217

　　第六节　自近古到现代的科学 ·· 221

第一编 上古史

第一章　古代诸国的文化

第一节　世界四大文化的发育地

一、四大文化的发育地
- （一）尼罗河流域的埃及。
- （二）两河流域——幼发拉底河、底格里斯河——的巴比伦和亚述。
- （三）黄河、长江两流域的中国。
- （四）恒河、印度河两流域的印度。

二、文化发育于上列四地之原因
- （一）上古时候，航海术未明，没有海洋的交通，内地的交通亦很困难。故文化发育地，都限于大河流域。
- （二）四处（埃及、巴比伦、中国、印度）都是土地肥沃、物产丰富，足以使人民安居乐业，有多余之时间从事创造文化。
- （三）在大河流域中货物及知识的交换，较别处容易多多，自易发生文化。

三、东西两大文化系的产生
- （一）北非（埃及）、西亚（两河流域）的文化经自地中海而传播到希腊，成为希腊文化。希腊衰后，罗马文化继起。这两种文化为西方文化的大宗师。
- （二）东亚（中国）、南亚（印度）的文化本来都是独创的，后经由中亚而互相冲突，互相调和，交互团结，遂成为东方文化的主人翁。

第二节　埃及

一、埃及的文化与其地理之关系
- （一）国内有一个定期泛滥的尼罗河，两岸土地肥沃，人民无须苦作，即能丰衣足食。
- （二）东北临海，西界沙漠，南方是程度极低的黑人，在交通不便的当时，都是绝好的屏障，外族不易侵入。

有此二因，故埃及的人民和君主，得有余力来从事建设，而埃及的文化也就与时俱进了。

二、埃及的历史
- 第一期（文化初起时期）（约起于公元前四千余年）
  - （一）文字和文具的发明——埃及的文字，起初是纯粹象形的，后来渐变为拼音。是近世欧洲各国文字的始祖。不久又发明墨水和纸笔。
  - （二）历法的发明——先用阴历，后改阳历，定一年为365日，是现世通用阳历之祖。
  - （三）用铜的发明——此时埃及人知道用铜以代替石器，是铜器时代的开始。
- 第二期（金字塔时期）（约起于公元前3000年）
  - （一）是埃及历史上的黄金时代，外无强邻的侵略，内无诸侯的争乱，国王得以专心去建筑巨大的坟墓（即金字塔）与许多壮丽的庙堂，并用极华丽的雕刻和图画，以点缀建筑。
  - （二）政体，君主专制，住民分为僧侣、武士、平民三个阶级。其中以僧侣的势力为最大，甚至有兼揽政、教、医三权的。武士担任国防。平民则从事于工、商、农业等。
  - （三）商业很发达。商船东北至腓尼基，东南至红海。
- 第三期（封建时期）（约起于公元前2500年）
  - （一）在这时期，有阿拉伯的游牧人和希伯来人的侵入。
  - （二）因异族侵入，竟将一个好好的文明国弄成一个衰败的国家了。
- 第四期（帝国时期）（约起于公元前1500年至前1100年）
  - （一）是个对外扩张的时代，埃及君主大事扩张的结果，变为帝国主义的国家。
  - （二）这时的版图，东边扩张到亚洲的幼发拉底河，南边到红海的南口。
  - （三）埃及因专事扩张势力，人民的精力大半为武事所消耗，文化就从此无何进步了。

三、埃及的宗教 —— 崇拜自然的多神教，崇拜太阳，尊信诸天体为神，并礼拜禽兽，又深信灵魂不死，因以重视灵魂所附属的肉体，死后用香料浸殓，使之永不腐烂，这叫作"木乃伊"。金字塔如帝王的坟墓，即系存放木乃伊重要的地方。

第三节　两河流域的巴比伦与亚述

一、巴比伦、亚述与埃及的比较
- （一）同点——巴比伦和亚述发生文化的情形，与埃及的极相类似。
- （二）异点——两河流域的地势平夷旷坦，四面可以受敌，所以它的历史竟是一部土著和游牧民族的战争史，不像埃及那样四面都有绝好的屏障，君主和人民可以安居乐业。

二、两河流域的历史 —— 第一期——巴比伦时代（约起于公元前4000年）
- （一）兴起——两河流域土地肥沃，沃地随两河形势，成一尺形，从两河上游直至波斯湾止，希腊人称其为美索不达米亚，意即肥沃。因土地肥沃，气候温暖，物产丰熟，故文明发生极早，巴比伦王国约兴起于公元前四千年左右。

二、两河流域的历史
- 第一期——巴比伦时代（约起于公元前4000年）
  - （二）全盛时期——公元前2200年左右，汉谟拉比在位，法律修明，商务发达，工业兴盛，一时无出其右，是巴比伦的全盛时代。
  - （三）衰替——汉谟拉比死后，国势即渐渐衰替，四周常有其他民族侵入，中间曾一度为埃及所统治。两河流域纷扰约一千年，至公元前1100年间，始由亚述人代巴比伦而兴起。
- 第二期——亚述时代
  - （一）兴起——亚述人由阿拉伯迁入巴比伦之殖民，居于底格里斯河之上游，于公元前1500年左右独立，建都于尼尼微，统一巴比伦、腓尼基、以色列、犹太、埃及等国，以建空前的一个大国。
  - （二）衰亡——亚述人之性情残忍，治理征服地不当，致背乱内起，结果被米底和迦勒底的联军所灭亡。
- 第三期——新巴比伦时代
  - （一）兴起——公元前606年，迦勒底人继亚述人为两河流域的主人，仍都于已经灭亡数百年的巴比伦，因以史家称为新巴比伦。
  - （二）衰亡——迦勒底的文化极佳，而势力甚弱，境域既小，且常为其东方新兴的波斯所侵扰，于公元前538年时为波斯人所灭。

三、巴比伦的文化
- （一）文字——苏美尔人创造一种楔形文字，巴比伦人采用此种文字而略加改进，种种记录，都刻于石上或凝固的黏土上，不易消灭，故当时的情形，犹能传到现在。
- （二）建筑——巴比伦因缺乏石材，故用砖头建造王宫，非常宏大美观。
- （三）法典——汉谟拉比王曾订有法典刻于石柱上，这是世界上最古的法典。
- （四）历法——巴比伦人初创历法，以太阴为标准，分一年为十二个月，且闰月，颇与中国的阴历相近。
- （五）量数法——首创以六十进位的量数法。现在我们用的以六十秒为一分、六十分为一度等的量数法，就是他们遗留下来的。

四、亚述的文化
- （一）文化的代表——是帝国主义，亚述人初用铁制兵器，自此始入铁器时代。
- （二）文化的摹仿——亚述的文字、学术和宗教都摹仿埃及和巴比伦的。

五、新巴比伦（即迦勒底）的文化
- （一）数学和天文——数学和天文学是迦勒底人对于文化的大贡献，黄道十二宫的划分和日蚀、月蚀的推算，也是迦勒底人所发明的。这种种发明，后来都传给希腊人，做他们天文研究的基础。
- （二）建筑——建筑极精，有其王宫的屋顶花园，古希腊人称为世界七大奇观之一。

第四节　希伯来与腓尼基

一、希伯来 ─ （一）迁徙 ── 原因
- 1. 生活上的——希伯来人向业游牧生活，初居于两河流域的美索不达米亚地方，后因受巴比伦人的虐待，转辗迁移至地中海东岸的巴勒斯坦。酋长约瑟时，巴勒斯坦大饥，乃移至埃及，不幸又受埃及王的虐待，乃于公元前 1300 年左右，由其酋长摩西托为上帝的意旨，率领全族离埃及而返巴勒斯坦，建都于耶路撒冷。
- 2. 宗教上的——古代诸国大都信奉多神教，尊信偶像，但希伯来人并不如此，是信奉一神教，并事耶和华，不崇拜偶像，与其他民族宗教观念不同，乃受周围民族压迫而东西迁移。

一、希伯来

（二）兴亡

1. 建国——希伯来人由埃及迁回巴勒斯坦，经数十年始达目的地，与其旧族人联合，更征服迦南人及其他外人而创设犹太国。
2. 强盛——犹太人初建国时，国无君长，本其信仰上帝的观念，以先知为领袖，即由高僧受神意而管理政治，是政教合一的制度，国势衰弱，屡受敌人的侵略，至公元前1000年左右始改成并通国家的君主制，其第一代名王为扫罗，次为大卫，再次为所罗门，先后征服四邻，与埃及、腓尼基相互交通，奖励商业，增进国富，建立耶和华神殿，国势极盛。
3. 衰亡——自所罗门死后，即起内乱，结果分裂为以色列与犹太二国，公元前722年和公元前586年，这两个王国先后被亚述人征服和被巴比伦人灭亡。
4. 亡后情形——犹太亡后，巴勒斯坦历次为继兴的各种族，如波斯人、希腊人、罗马人等所占据，犹太人各散处四方，时时以恢复国土为念。

（三）文化

1. 特点——希伯来人对于文化的贡献是宗教，他们因为所处的环境比较单纯，因以成为一个强烈的宗教民族，纯粹信奉一神教。
2. 犹太教——摩西创立犹太教，信奉唯一的上帝，上帝独爱犹太民族。
3. 基督教——后来出了一位耶稣基督，把希伯来人对于上帝独爱希伯来民族的观念根本改变，宣传博爱世人的道理，因此触怒犹太教，被犹太旧派中人钉在十字架上，但所创的基督教，却风行甚广，成为现今西方人所信奉的宗教。

二、腓尼基

（一）兴亡

腓尼基人初本来是居于波斯湾沿岸的，迨巴比伦兴起后，从事迁移，至巴勒斯坦之北黎巴嫩山的西麓而定居，因地濒地中海，产鱼甚多，生活极便。居民都习航海，从事通商，联合海岸各都市而成一小国。西顿与推罗二城，为古代最繁盛的商埠。公元前十世纪左右，曾盛极一时，在公元前八世纪左右，被亚述灭亡。

（二）文化

1. 致力于商业和交通上——他们善于航海，喜通商殖民，来往于埃及、亚洲西部及希腊之间，把各处的特产，互相转运售卖。交易的商品为产于东方诸国丝织物、香料、陶器、铜器、武器、谷物诸类，与产于西欧的及北非的银、锡、黄金、象牙、羊毛等。他们的殖民地，遍于地中海上，最著名的就是非洲北部的迦太基。

2. 发明拼音文字——他们以经商往来，须用简单的文字，以便记载，用以发明二十二个拼音字母（约在公元前1000年左右）。那文字跟随他们的商船而传到地中海各岸，成为欧洲文字的始祖；传到印度为印度文字的胚胎。

第二章 古印度和佛教

第一节 印度

古代的印度
- （一）建国——古代印度的民族是白人系的雅利安人，他们约在公元前1600年左右从西北侵入印度，征服土人，占据恒河与印度河两流域；到公元前1000年时，建立许多小王国，从事农业，开辟草莱，渐渐发生一种定居的文化。
- （二）国民的四种阶级
  - 他们的哲人恐怕土人难制，特地创一种婆罗门教，分国民为四种阶级，各阶级界限极严，不互通婚姻，这种不平等的制度，影响深远。
  - 1. 婆罗门——就是管理祀神和教育事业的教士。
  - 2. 刹帝利——就是执掌军政和民政的国王和贵族。
  - 3. 吠舍——就是以农工商和畜牧为职业的平民。
  - 4. 首陀罗——就是被征服了的奴隶。

古代的印度 ——（三）婆罗门教 {
　　1. 教义——崇拜一最高的神名"梵天"，有全知全能的德性，为一切神之主；又创天堂地狱轮回的说法，谓人必须遵从婆罗门人的教义，始可升入天堂，否则须受轮回之苦；又谓人必须忏悔苦行，始能免除罪恶，否则堕入地狱。
　　2. 法典——婆罗门人制有一种法典，名摩奴法典，规定宗教的及日常生活的各种仪式，令其他三级的人服从。

第二节　佛教

一、佛教 {
　（一）创立者释迦的身世　释迦牟尼是中印度迦毗罗卫城的王太子，生于公元前六世纪，幼年的环境与生活极其优美。

　（二）创立的原因 —— 1. 释迦的生性——释迦牟尼幼年的环境与生活，虽极优美，然而他对于人生的究竟发生怀疑，看见世人脱离不了"生老病死"之苦，因此他就抱了救世悯人的思想。

一、佛教

（二）创立的原因
- 2. 当时的背景——当时婆罗门教专横，压迫首陀人的情形，非常厉害。他目睹奴隶的痛苦，乃有了矫正恶习的志愿，打破阶级制度，希望一切众生都能平等。
- 有此二因，乃立意修炼，冀以悟道而拯救众生，乃于二十九岁时悄然别了父母妻子，抛弃王储的富贵和尊荣，入山求道，苦修七年，深有所悟，于三十五岁，开始出山传道。

（三）教旨
- 他的教旨以慈悲忍辱为主，排斥阶级制度，提倡平等主义，教人炼心修行，绝除欲望，就可脱了生死轮回的苦痛，到那寂灭无为的妙境，这才是道德圆满，叫作"涅槃"。

（四）传播
- 1. 释迦得道后，周游恒河流域，专心化导民众，宣言无论男女老幼贵贱，都可以受教，亦都可成佛。
- 2. 释迦死后，他的弟子多人在王舍城开了一个大会，编纂经典，这是佛教第一次的集结。
- 3. 再过百年，又有教徒多人，在毗舍离城开会，订正经典，这是佛教第二次的集结。
- 4. 再过百年，佛教教义，就传遍恒河流域；到公元前四世纪末年，摩揭陀王国的孔雀王朝勃兴，佛教的势力乃弥漫全印度。

二、孔雀王朝
- （一）兴起：孔雀王朝的始祖叫作旃陀罗笈多，他本是印度土人摩揭国难陀朝的大将，后来投降亚历山大；亚历山大死后，他即在印度乘机起兵，驱逐马其顿的军队，统一中、西、北三印度，建立摩揭陀帝国，他自己做了皇帝，这就是孔雀王朝的开始。
- （二）衰替：孔雀王朝以旃陀罗笈多和他的孙儿阿育王在位时，励精图治，国势最盛；迨公元前232年阿育王死后，孔雀王朝就渐渐地衰微了；但再过二百年，始为南印度的安度罗王朝所灭。

三、旃陀罗笈多的两大成绩
- （一）整理内政
  - 1. 他把国内一切的政治分为六部，各部设一长官管理。
  - 2. 他又能留心民事，提倡工业，修筑道路，开通河流，划一租税，及度量衡制度。
  - 因此，在位不过二十四年，而国内大治。
- （二）保护佛教
  - 1. 原因：他以战功起家，不喜阶级制度，所以对于佛教很是崇信，而保护佛教。
  - 2. 效果：他因崇信佛教，而保护佛教，而极力传布佛教，结果将佛教的教旨传布于全印度。

四、阿育王（阿输迦王）与佛教
- （一）公元前268年至前232年孔雀王朝为阿育王在位，他是个非常贤良的君主，对于佛教极其信仰，佛教能广行传布，阿育王的功劳甚大。
- （二）他曾定佛教为国教。
- （三）他又召集教徒千人在国都华氏城开会，确定教旨，遍谕国民，这是佛教第三次的集结。

第三节　大月氏与佛教

一、大月氏王迦腻色迦与佛教
- （一）王之信仰——大月氏的迦腻色迦王亦笃信佛教，大月氏一时成为佛教之中心。
- （二）佛教的结集：迦腻色迦曾召集高僧五百人在迦湿弥罗举行第四次佛教的集结，佛教因以广布。

二、佛教的分派
- （一）大月氏王迦腻色迦之召集第四次的集结，其时狮子国（即锡兰岛）的佛教，亦很盛行，南印度的僧人未曾到会，因此佛教就成为南、北两派。
- （二）南派佛教以狮子国为根据，后来传到后印度及南洋群岛一带。
- （三）北派佛教由大月氏经中央亚洲及葱岭传到天山南路，到东汉明帝时，因为东西交通渐繁，佛教遂传入中国，后来又传到朝鲜、日本等处。

第三章　希腊与波斯

第一节　希腊

一、爱琴为东西文化的津梁
- （一）东西文化的迟早：当石器时代东方文化已很可观，而欧洲尚属蒙昧未开，过着野蛮生活。
- （二）爱琴文化的代表者：到了后石期，爱琴海诸岛已渐渐地渍染了东方的文化，做代表的，是克里特岛。克里特岛的文化，起初埋在地底，直至十九世纪末，方才掘出来。
- （三）西方文化的由来：底格里斯河、幼发拉底河两流域的文化传至爱琴海，成为爱琴文化；爱琴文化传至欧洲大陆，遂有光明灿烂的希腊文化发生，故爱琴文化实是东西文化的津梁。

二、希腊
- （一）民族——人民属雅利安族。
- （二）地理——希腊的位置，在巴尔干半岛之南，气候温和，海岸曲折。
- （三）建国——约建国于公元前一千年。
- （四）政治组织——他们从爱琴人那里学到了政治的组织，才建设城邦政府和君主的制度；后来那较强的城邦渐渐征服他们的邻邦，来做一方的盟主。
- （五）最强的城邦
  - 斯巴达。
  - 雅典。

三、斯巴达的国情
- （一）国土——在希腊半岛的西南端，土地十分贫瘠。
- （二）政体——贵族专制。
- （三）教育——人民所受的教育，纯是军事教育。
- （四）人民的生活——人民自有生以来，就生活于严刻的军法之下。
- （五）人民的职业——以战斗为公民唯一的职业，耕种和工商都是奴隶应做的事。
- （六）人民的特性——因土地十分贫瘠，所以服从、勤俭和耐劳，就为斯巴达人的特性。
- （七）称霸——斯巴达靠了武力，征服邻邦，到公元前五百年时，竟成为伯罗奔尼撒半岛南部的霸主了。

四、雅典的国情
- （一）国土——在希腊半岛中部东端。
- （二）政体——民主政治（雅典是个工商发达之国，因以很早就产生了一个极富庶的中等阶级来代表平民，向贵族争夺政权。贵族之中，谁能得到他们的帮助，谁就成为僭主。所以人民的意志渐渐地占了一个重要的地位，而雅典就成为上古唯一的民治之邦）。
- （三）文化——雅典既富且庶，又有僭主的奖励，加之以有奴隶从事工作，一般人颇多闲暇，因此他们的文化程度也就远驾于其他各邦之上。伯里克利斯执政的时代，雅典的文化已达最高峰，是希腊的黄金时代。
- （四）称霸——雅典靠了海军，联合爱琴海各岛组织提洛同盟，自为霸主，是希腊的第一个霸主。

第二节　波斯

一、波斯
- （一）民族——雅利安族，与印度人同属于白人系中的亚洲派。
- （二）建国——公元前五百五十年左右，有一个波斯民族的领袖居鲁士，不数年灭米底、巴比伦和小亚细亚各地，建都于苏撒。
- （三）冈比西所造成的版图——居鲁士的儿子冈比西亦是个雄主，于公元前525年征服埃及，于是波斯帝国的版图，东至印度河，南至埃及的南部，西至小亚的西端，北至里海及黑海，成为古代西洋世界上空前的一个大帝国。

一、波斯
- （四）大流士的政绩
  1. 将帝国中的埃及和巴比伦直隶于他自己，把其余各处分为二十省，每省设一个总督，管理军政和民政，为亚洲西部郡县制度的开始。
  2. 建设海军。
  3. 修筑国道。
  4. 创办邮政。

  由是国内大治，未几与希腊冲突。

- （五）宗教

  波斯人信奉二神教，他们以为世界上有善、恶二神，向以光明的火为善神的代表，设坛礼拜，后来传入中国，叫作祆教。

- （六）对于文化的贡献
  1. 行省的建设，和专制政治的施行等，都是上古时代的一点破天荒，对于后来的欧洲历史，颇有影响。
  2. 波斯人除政治组织很有特色外，对于古代文化的传播亦很努力，例如在东部建筑沟渠，在南部探测沿海一带海上情形，并建海港，谋发展世界的商业，都很有功于古代亚洲西部文化的进步。
  3. 波斯虽以祆教为国教，但先后诸王对于境内各外族，如犹太人、埃及人、希腊人等的宗教，都听其自由信仰，毫不压迫。
  4. 美术以建筑雕刻为最有特色，因为他们能够集巴比伦、埃及、希腊诸国的大成。

二、波斯与希腊的战争
- （一）原因 ── 波斯的势力方正向西伸张之时，希腊人正由欧洲的东南方极力向东发展，一个向西，一个向东，不久即发生冲突，结果酿成亚欧民族争雄的战争。
- （二）导火线 ── 两国为了小亚细亚殖民地的争执，便发生战争。
- （三）三次战争及最后的结果
  1. 第一次战争 ── 公元前492年为争执殖民地而发生战争，结果是波斯舰队遇海风覆灭，不战而败。
  2. 第二次战争 ── 第一次战争后隔了两年，又发生战争，结果是希腊人同心同德，在陆上打败波斯军。波斯人退回亚洲。
  3. 第三次战争 ── 第二次战争后，隔了十年，又发生战争，结果是波斯的陆军先胜，但希腊人靠了雅典大军事家地米斯托克利把波斯的舰队打败，得到最后的胜利。

  虽然雅典得到最后的胜利，但经此几次战争，到此亦没有力量东进了，所以这次亚欧冲突的结果，是各无所得而两败俱伤。

第三节 希腊的衰落

一、雅典与斯巴达的战争
- （一）交战者——雅典与斯巴达。
- （二）原因
  1. 两国的政治迥不相同——雅典行民主政治，斯巴达是贵族专制国，崇尚武力。
  2. 两国的社会状况各异——雅典工商业很发达，经济很充裕，而斯巴达是地瘠民贫。
  3. 斯巴达见雅典繁华强盛，不免畏惧，而雅典人亦素妒恨斯巴达，到波希战争后，两国的嫉妒和仇恨愈积愈深了。
- （三）导火线——公元前459年为了两国属地上的冲突，那个延长五十五年的战争便开始了。
- （四）三次战争及前后的结果
  1. 第一次战争——计延长十五年，结果两败俱伤，共同订立《三十年休战条约》。
  2. 第二次战争——两国不遵守条约，不到十五年，战争又起，此时雅典因各同盟先后脱离，又遭大疫，领袖伯里克利斯去世，不得已同斯巴达讲和。
  3. 第三次战争——雅典海军虽得胜一次，两国元气未复，终归失败；到公元前404年，雅典竟投降了。

二、底比斯
- （一）兴盛：斯巴达继雅典而称希腊的霸主，一意专横，激起内乱，到公元前371年底比斯兴起，复兴民主政治，纠合附近诸市，而成强大之势，为希腊第三个霸主。
- （二）衰亡：底比斯称霸不到十年，就又一蹶不振，自此以后，政治上的希腊，可说已完全瓦解。不久北方的马其顿兴起，希腊在政治上的地位，已变成附庸了。

第四节　马其顿帝国

一、马其顿
- （一）民族——雅利安族。
- （二）勃兴：马其顿，希腊人一向认为是北蛮；到公元前359年，马其顿忽然出了一位雄主，叫作腓力二世，他奖励希腊文化的输入，数年后，征服希腊的北部和中部，自为盟主。他死后，儿子亚历山大继立，开拓疆土，国势更盛了。

二、亚历山大的功绩
- （一）武功
  1. 率师南征，统一希腊。
  2. 公元前334年东征波斯，接着又攻埃及，建造亚历山大城。
  3. 在埃及建造亚历山大城后，旋复回军灭波斯，转战到印度河上，造成一个地跨欧、亚、非三洲的空前的亚历山大帝国。
- （二）东西文化的交通：亚历山大东征最重要的结果，是在于东亚文化的交通上。
  1. 他提倡希腊人与波斯人互通婚姻，极力调和东西民族的感情。
  2. 他实行信教自由，对于各种宗教予以平等的待遇。
  3. 他又尽力把希腊文化输入到亚洲去。

三、亚历山大帝国的分裂：亚历山大于公元前323年由印度回到他的亚洲国都巴比伦城，忽罹热病死去，年才三十三岁。死后，他的部下将士就将他的帝国瓜分了。
- （一）第一是安提帕克，占据马其顿和希腊。
- （二）第二是托勒密，占据埃及。
- （三）第三是塞琉古，占据波斯及其他在亚洲的土地，名叙利亚。

以上三国大致都能保存独立，直到罗马兴起时，才先后被罗马灭亡。

第五节 希腊的文化

一、文化与地理之关系
- 1. 因天气暖和,山水秀丽,故人民聪慧,富于思想。
- 2. 因海岸曲折,良港颇多,故航海、殖民和工商业都很发达。
- 3. 因国内山岭崎岖,交通不便,故形成了无数分立的城邦,而各城邦的互相竞争,谋国家之富强。

有这几点关系,因以希腊产生了一个空前的优美文化。

二、文化的来源
- 1. 由爱琴人和腓尼基人那里得到衣服器具和工艺美术。
- 2. 由腓尼基人那里得到腓尼基字母。
- 3. 由爱琴人那里学到政治上的知识。

} 文化立基时代(第一期)。

三、宗教:最初是多神教,最尊的是天空之神,名薛乌斯,每隔四年,在奥林匹亚举行祝典一次,届时各地人民麇集,除比赛体力、文艺外,又可联络感情。

四、文学
- 1. 史诗——最先发达,以荷马的作品为最古,相传《伊利亚特》和《奥德赛》二史诗为他所作。
- 2. 其次发达的是戏剧——欧洲戏剧界的鼻祖。
  - 三个大悲剧家——埃斯库罗斯、索福克勒斯和欧里庇得斯。
  - 一个大喜剧家——阿里斯托芬。

| 五、哲学和科学 { 希腊为西洋哲学的策源地。
1. 物质学派——泰勒斯主张万物的根源是水。
2. 诡辩学派——反对物质学派,专注力于修辞及辩论之知识,主张人为万物之衡,说世间无所谓真正的善恶,而教人随顺世俗。
3. 唯心论派——大哲人苏格拉底于公元前五世纪出世,排斥诡辩学派,他以为世上实有真善美,注重研究人生,主张"即德即知",对一切事物,都注重怀疑和寻求真理。苏氏因以触犯当时雅典人迷信和盲从的心理而被处死刑。

六、医学、史学、艺术等等 {
1. 希波克拉底是欧洲科学的医学之祖。
2. 希罗多德是欧洲史学的鼻祖。
3. 建筑、雕刻、绘画也极发达,著名的艺术也很多,建筑家如伊克提诺斯,雕刻家如菲迪亚斯,画家如阿贝列斯。
4. 数学、天文学、动物学、植物学等也在此时萌芽。

} 文化的发达时代(第二期,约自公元前700年至公元前400年)

七、哲学的进步	大哲学家柏拉图是苏格拉底的弟子，他把苏氏的哲理发扬而光大之，著有《理想国》一书，是表示他理想中的社会。 大哲学家亚里士多德是柏拉图的弟子，他是个侧重客观的科学家，以实验观察，研究各种事物并发明演绎法。他在欧洲思想界势力之伟大，不亚于中国的孔子。	文化开化布种以至本身衰落时代（第三期，约在公元前400年后的三百年间）。
八、科学的进步	1. 物理学家兼数理学家阿基米德曾发明杠杆的作用和比重之理。 2. 阿利斯塔克是第一个发现地球绕日而行的人。 3. 埃拉托色尼用日影来计算地球的大小，用科学的方法来测绘地图，并发明经纬度。 此外生物学、医学、工程学，也都各有进步。	
九、文化的传布	公元前二三百年间，希腊文化传到了亚洲和非洲。 1. 希腊文化东传的源泉——亚洲中部的大夏、印度一带地方。 2. 上古西洋唯一的学术中心点——尼罗河口的亚历山大城，城内有很大的图书馆和博物馆，各国学者都集于此，做研究的功夫。	

第四章　罗马与安息

第一节　罗马的开国

一、罗马的种族与地理
- （一）罗马人属雅利安人中的拉丁族，由欧洲北部迁入意大利半岛。
- （二）罗马的意大利半岛，三面都无星罗般的岛屿，是白茫茫的一片海水，海滨无良港，内地少山脉，因此罗马人不善精航海，不善通商，成为一个农业国。

二、罗马历史的开场

罗马本是意大利半岛上台伯河畔的一个小村落，由小村落发达而成都会，再发达而统一意大利半岛。
- （一）伊特鲁里亚人早于罗马人从小亚细亚占据罗马城，统治罗马约共二百五十年，他们给罗马人许多文化种子。
- （二）公元前五百年左右，真正的罗马主人——拉丁人赶走伊特鲁立亚人，真正的罗马历史于是开始。

第二节　罗马历史的第一期——共和时代的罗马

（约起于公元前 500 年至纪元元年）

一、政体
- （一）此时罗马已废除君主，改为共和政体。
- （二）设执政二人，总理国事。
- （三）设一贵族组织的元老院。

二、第一次平贵之争
- （一）原因：此时罗马有贵族和平民两个阶级，贵族享受强权，平民痛苦不堪，须服兵役，于是发生第一次平贵之争。
- （二）结果：平民胜利，得三种利益。
  1. 法院和保民官的设立。
  2. 不成文法律编为十二铜表法。
  3. 平民与贵族平分立法权。

三、统一意大利半岛：当罗马赶走伊特鲁里亚人时，罗马势力尚只限于一城，嗣后先后将外敌制服。
- （一）先击退罗马之高卢人，平定北意大利。
- （二）次伐萨谟奈人，平定中部意大利。
- （三）后伐希腊人，平定南意大利。

四、海外之劲敌——迦太基
- （一）地位：迦太基在非洲北部一个地角上，中隔西西里岛，与意大利遥遥相对，起初是腓尼基的殖民地，后来成为独立国。
- （二）势力：当罗马未强盛时，迦太基的势力已经弥漫非洲北部、西班牙南部，及地中海的西西里、撒丁、科西嘉和其余小岛。

五、布匿战争（公元前264年至前164年）
- （一）原因：公元前三世纪，罗马的势力渐渐地向南扩张，而同时迦太基的势力向北发展，两强相遇，难免冲突，不久在西西里岛战争爆发了。罗马人称腓尼基人为布匿，因此称此次战争为布匿战争。
- （二）三次战争的经过及最后的结果
  1. 第一次大战结果，罗马得了西西里岛和迦太基的赔款。
  2. 第二次
     - （1）第一次大战后二十年，发生第二次大战。
     - （2）迦太基出了一位汉尼拔大将，从西班牙率了大军横过阿尔卑斯山进攻罗马，势如破竹；但罗马城戒备甚严，不易攻下，两方在罗马境内相持有十几年之久。
     - （3）罗马出了一位西庇阿大将，他学了汉尼拔的方法转兵去攻迦太基，于是汉尼拔不得不回兵去救他的母国。
     - （4）两军相遇，西庇阿大得胜利。迦太基除赔巨款外，舰队也归罗马掌管，便成为罗马的附庸。
  3. 第三次
     - （1）第二次大战后五十余年到公元前149年由罗马向迦太基挑衅，发生第三次战争。
     - （2）公元前146年，迦太基城竟被罗马毁成焦土，于是迦太基的国土，遂入了罗马的版图。

六、罗马统一地中海沿岸
- （一）罗马灭迦太基后，即将地中海西部完全征服。
- （二）和迦太基战争时，一面逐渐征服地中海东部五个重要国：马其顿、埃及、叙利亚（亚历山大的遗产）、小亚细亚的帕加马和弱小的希腊。
- 自此罗马统一地中海沿岸，便成为欧洲唯一的主人翁，就是上古埃及、巴比伦、希腊各大文化唯一的承受人了。

七、罗马之版图
- 此时罗马之版图甚大，横跨非洲、欧洲、亚洲。
- 东——叙利亚、小亚细亚。
- 西——达西班牙，领有地中海之大半，将半岛以外之领土都改为行省，派总督管理。

八、罗马内乱之原因
- 罗马凭借武力，扩充版图，百余年战争的结果，种下了许多内乱的种子。
- （一）农民多死于战场，国内少了许多优良的分子。
- （二）武人、官僚多暴富起来，平民与奴隶生活困苦异常。
- （三）社会上产生贫富的阶级，国民道德因之日益堕落。

九、革拉古兄弟的改革
- （一）原因：革拉古兄弟见国内贫富悬殊的现象非常危险，乃本救世之心，起来设法改革。
- （二）方略——主张改革罗马土地的分配，调剂贫民与富人的冲突。
- （三）结果：
  1. 当时改革的呼声，敌不过元老院的权威，终无效果。
  2. 革拉古兄弟先后遭暗杀。
  3. 罗马的社会就从此纷扰了七八十年。

十、前三巨头之争
- （一）人物：公元前一世纪，罗马产生了三位杰出的领袖，三人共同执政，叫作前三巨头。
  - 庞培
  - 恺撒 　由平民中产生的领袖。
  - 克拉苏——是个富翁。
- （二）庞培与恺撒之争
  - 原因：二人初颇相得，但后恺撒远征高卢，兵力直至不列颠岛，立功甚大，因以引起庞培的疑惧，两人就此决裂。
  - 结果：庞培失败，逃亡被刺。恺撒成为罗马的终身独裁官，独握罗马的政权（时克拉苏已先死），时在公元前 48 年。

十一、恺撒的功绩与结局
- （一）功绩：恺撒不仅是个武人，且是个大政治家。他的功绩：
  1. 建筑国道。
  2. 改造罗马城。
  3. 采用现在通行的太阳历。
  4. 把无业游民移殖海外，以减少国内贫富之争。
- （二）结局——公元前44年在元老院为反对党刺死。

十二、后三巨头之争
- （一）人物：罗马自恺撒死后，即又产生三位领袖，称为后三巨头。
  - 安东尼
  - 屋大维——是恺撒的养子。
  - 雷必达
- （二）相争之结果：
  1. 屋大维初结安东尼共灭雷必达。
  2. 后来屋大维又至埃及击败安东尼兵，安东尼自杀。
  3. 由此罗马政权遂又由屋大维一人掌握了。

第三节　大夏和安息的建国

一、塞琉古帝国
- （一）起源：公元前323年亚历山大去世，大将塞琉古因未离弃他的波斯妻，于公元前312年后独领波斯一带地方，逐渐征服东方一带，到印度河为止，建一个大帝国，一般叫作塞琉古帝国，都于安提俄克（即中国古书之安都城），这就是中国史书上的塞琉古帝国国。
- （二）衰落：塞琉古帝国立国不久，就因为内乱和外患的关系，自公元前三世纪初年后（正值欧洲第二个文明古国罗马逐渐兴起而统一意大利半岛之时），逐渐衰落。

二、大夏
- （一）起源：公元前三世纪初年后，塞琉古帝国衰落时，塞琉古帝国的东部阿姆河南一带的希腊人拥戴总督狄奥多特为王，建立巴克特里亚王国，也就是中国史书上的大夏（公元前255年）。
- （二）兴盛和灭亡：大夏到公元前二世纪初年，国王南侵印度，一时国势甚盛；但是一面因为内乱纷起，一面又受黄种的安息人和月氏人的压迫，竟于公元前139年被月氏人灭亡，从此希腊人在中部亚洲所享的政权完全消灭了。

三、安息
- （一）建国：公元前247年，中亚里海东边的黄种酋长阿尔沙克亦乘机侵入波斯旧壤，逐出条支派的希腊官吏，宣布独立，建立帕提亚国，此即中国史书上的安息，为黄种人建国亚洲西部的第一次。
- （二）领土扩张：从此条支国局处于叙利亚，终于公元前63年为罗马人所灭。同时安息诸王于公元前二世纪时东侵大夏和印度，西征米提和巴比伦，以达幼发拉底河滨，俨然大国了。

四、大月氏帝国
- （一）起源：月氏人本位中国的西北方，即今甘肃一带，和匈奴同族，本甚强盛；至公元前二世纪初半期时，匈奴甚强，攻破月氏，于是月氏人西迁，灭希腊人所建的大夏，而建大月氏帝国。
- （二）张骞通西域：月氏人因受其地希腊文化的影响，由行国变成定居的民族，实力兴盛。中国曾派张骞去通西域，就是希望他们来夹攻匈奴。张骞回国时，把饲马的苜蓿和葡萄移植国中，为东西文化交通上第一件值得纪念的史迹。
- （三）贵霜帝国：当时大月氏帝国分为五个政治区域，就中以在印度方面的贵霜一区为最强盛。所以古代印度人和波斯人都称大月氏帝国为贵霜帝国。
- （四）蹂躏安息
  - 1.远交近攻：大月氏灭大夏后，曾和条支联盟夹攻安息，这是中亚各国外交上远交近攻政策的开始。
  - 2.安息的转危为安：安息曾有二王于公元前二世纪末先后相继阵亡，可知受大月氏侵略之厉害；直至公元前一世纪初年方大败月氏人，转危为安，从此安息人便和月氏人并峙于亚洲的西部。

五、安息的文化

（一）政制
1. 安息人虽属黄种，但因代古波斯而兴，典章文物都受古波斯的影响，而安息的各种制度皆有简单性。
2. 政治组织虽取君主世袭制，但国王之下有两种会议机关去限制他的权力，一是"诸宗王大会"，一是祆教教士和大官巨吏所组织的议会。此两机关有废立国王的权力。
3. 国内各省都设总督分治，偶或保留本来的土王；希腊城市则沿用自治制，故安息治下的人民比较很为自由。
4. 同时采集治下的各地的良法，编成法典，通行全国。

（二）宗教、文字、商业与风俗等
1. 安息人虽仍奉祆教，但对于人民的信仰，都一任其自由。
2. 安息虽无文学上的杰作，但有文字，为用甚大，且他们很多熟习希腊语和犹太语。
3. 他们与罗马人间的交易亦甚盛，出口以织品和香料为主，所出的丝、毛织品色彩很美，很受罗马贵家女子的欢迎。丝品和香料，大概由中国和东方转运过去的。
4. 安息人气度宽大，任用外人，优待俘虏，很讲信用。

第四节　安息与罗马的争雄

安息与罗马之争雄
- （一）战争的起源
  1. 安息的国境至公元前二世纪中已达到最大之域。当时罗马虽已统一地中海，但因有条支和小亚细亚方面许多小国隔在中间，故未与安息有直接接触。
  2. 自公元前133年帕加马入附罗马后，罗马人乃插足于亚洲。
  3. 同时安息西北境的亚美尼亚又脱离条支而独立，此国介于安息和罗马之间，乃即成为两国必争之地。
  4. 公元前72年罗马前三巨头中庞培东征亚洲，灭条支，得地到幼发拉底河为止，东西两雄，从此直接接触，战争遂不能免。
- （二）罗马的失败
  1. 庞培野心至大，东征时，欲灭安息，但因国内党争而无实现机会。
  2. 公元前54年罗马的克拉苏乘安息内乱而东侵，次年大败，并为安息人所刺死。
  3. 恺撒于国内党争胜利后，准备东征，不料公元前44年兵尚未出，而身已为人刺死了。
  4. 不久后三雄中的安东尼亦曾东征安息，而于公元前36年败归。
- （三）停战的原因
  1. 罗马人很希望屋大维能够再接再厉，一息仇恨，但屋大维知安息并非蛮族，实力亦不可侮。
  2. 一方面因罗马内乱初平，正宜与民休养，故屋大维不主张东向拓展。
  3. 同时安息亦常起王位的竞争，无暇西顾，因此两国间此后共享了一百三十年的太平幸福。

第五节　罗马历史的第二期——帝政时代的罗马

（约起自纪元元年至公元 476 年）

一、罗马帝国的版图
- 罗马帝国第一个皇帝便是屋大维，此时帝国的版图是：
- 西——至大西洋。
- 南——至埃及撒哈拉大沙漠。
- 东——达幼发拉底河。
- 北——界多瑙河和莱茵河。

二、屋大维的政绩
- 屋大维时代是罗马史上的黄金时代，他的政绩有：
- （一）消灭内乱，平国内太平，文学艺术因得渐渐地发展。
- （二）改良政治，整理财政，为罗马立二百年升平之基。
- （三）改建罗马城，使它变为欧洲文化的中心。

三、屋大维死后的罗马
- 屋大维死后一百数十年内，其中君主有贤明的，也有昏暴的，而最值得注意的是：
- （一）内政日渐腐败。
- （二）外患逼迫日紧——北有日耳曼族的南迁，东有安息国的侵略，因以内乱了一百年，此时社会的秩序紊乱到极点了。

四、戴克里先的分治 {
　公元 284 年戴克里先为帝，中兴罗马。创立四帝共治制，即是帝国东西两部分别由两位主皇帝统治，再各以一位副皇帝辅政。

　东半 {
　　（一）帝自领东半，都于小亚细亚，以防东方的外患。
　　（二）置恺撒（副帝）一人，管辖东部之半。
　}

　西半 {
　　（三）命将军马克西米安居意大利，管西部。
　　（四）置恺撒（副帝）一人，管理西部之半。
　}

　流弊——罗马帝国的分裂，伏机于此。
}

五、罗马帝国的分裂 {
　（一）戴克里先分治罗马，即伏后来分裂之机。
　（二）到公元 306 年，君士坦丁皇帝即位，将黑海南岸旧日希腊人所建的拜占庭重建一大城，改名为君士坦丁堡，自此东、西罗马的分裂愈见确定了。
　（三）数传至狄奥多西皇帝（公元 379—395 年在位）后，二子互争帝位，一名阿卡迪乌斯，都于君士坦丁堡，一名霍诺里乌斯，都于罗马以北的拉韦纳，互相仇视，成为敌国，东、西两帝国遂实行分裂了。
}

第六节 基督教与罗马

基督教
- （一）耶稣基督之出世：耶稣基督降生于公元元年前后。他是犹太人，改犹太人对于神的观念，创造基督教。
- （二）教义
  - 信奉仁慈的上帝。
  - 以博爱、和平为主。
  - 信上帝博爱世人，故基督教是世界主义的。
- （三）传入欧洲
  - 耶稣死后，他的门徒把他的教传到罗马去。
  - 那时罗马的宗教复杂，其中由东方传去的不少，因以大家对基督教不大注意。
  - 基督教徒自信心甚强，故不久便成为一种势力，罗马政府于是恐慌了。
  - 基督教对于皇帝不崇拜，因此有犯上的嫌疑；罗马政府严厉地压迫他们，基督教徒百折不挠，他们的势力反渐渐地侵略入了上等社会。
- （四）成为罗马的国教
  - （一）到四世纪初年，皇帝君士坦丁入教，这是罗马第一个入教的皇帝。
  - （二）约再过百年，皇帝狄奥多西把教会及教士的特权明定在法典之内，自此基督教就成为罗马的国教了。

第七节　欧洲日耳曼民族大迁移和西罗马的灭亡

一、日耳曼民族侵入罗马
- （一）日耳曼民族原住于欧洲的北方，身躯伟大，眼蓝发黄，以游牧兼抢掠为生。
- （二）在纪元初年开始南下，侵犯罗马，后来他们或在罗马当兵，或做官，或成群结队，占据罗马的边地。
- （三）到了三四世纪时，他们的势力就弥漫了罗马的全国。

二、最重要的日耳曼民族
- （一）东哥特人。
- （二）西哥特人。　住在黑海北岸。
- （三）汪达尔人，住欧洲北方的波罗的海南岸。
- （四）法兰克人，住莱茵河畔。
- （五）萨克森人和盎格鲁人，住现在的丹麦境内。

三、日耳曼民族的建国
- （一）哥特王国——自亚洲的匈奴人侵入欧洲，赶走了东哥特人以后，东哥特人便西徙至多瑙河，西哥特人却直入罗马的境内，要去收容，但不久忽与罗马军冲突，罗马大败，于是西哥特乘胜入希腊及罗马城，抢掠焚烧，其势甚盛；后来又至高卢及西班牙去建立哥特王国。
- （二）汪达尔国——同时汪达尔人也到西班牙去建立汪达尔国，后来被逼又南下到非洲。
- （三）萨克森及盎格鲁人所建的王国——罗马因国防危急，调回不列颠的戍兵，于是萨克森及盎格鲁人乘虚侵入，在不列颠建立了好几个王国，这就是后来英吉利立国的基础。

四、西罗马的灭亡
- （一）时期——公元 476 年。
- （二）最后的皇帝——罗慕路斯。
- （三）灭亡者——西哥特的领袖奥多亚赛。
- （四）受匈奴人西侵的影响——西哥特人受匈奴人西侵的逼迫，于是西哥特人不得不逃入罗马国境内，后竟因以灭亡西罗马。

第八节　罗马文化

一、罗马文化的来源——两河流域、埃及的文化、爱琴文化、希腊文化、亚历山大文化、罗马文化。

二、共和时期的罗马文化
- 共和时代的罗马文化完全在模仿时代，而希腊是它的大宗师。
- （一）文字：此时罗马人已经仿了希腊字母造成了拉丁字母，后来成为欧洲各国文字共同的始祖。
- （二）文学：他们把荷马的史诗做蓝本，如法编制一部罗马历史的史诗，这是罗马文学的起源。
- （三）法律：又拿希腊的梭伦法典做参考，把罗马不成文的法律，编为历史上有名的十二铜表法，这是罗马法律的首基。
- （四）艺术等——图画雕刻，建筑戏剧等，也无限制的由希腊输入。
- （五）币制、量法、宗教等：由希腊传入的币制、量数法、宗教等，受了罗马的洗礼，成为罗马文化的一部分。

三、帝政时期的罗马文化
- 帝政时期是罗马文化的黄金时代，其中重要的如后：
  - （一）政治——帝国版图之广大，前所未有，而能控制裕如，设施完备，可见他们政治天才的惊人。
  - （二）法律——自十二铜表法律颁布以来，历代皇帝多有修改之举，而以皇帝查士丁尼时代所编的法典最为有名，他的完成，是上古文化的一个大胜利，也是给与欧洲的一件极宝贵的遗产。
  - （三）公共建筑——罗马人富于公众性质的，所以公共的建筑特别发达，如屋大维改造罗马城，君士坦丁建设君士坦丁堡。
  - （四）文学
    - 西塞罗和恺撒都是拉丁文学的宗匠。
    - 西塞罗更可以代表希腊化的罗马文化。
    - 贺拉斯与维吉尔是大诗人。
  - （五）历史——历史家以《罗马史》的作者李维为最著名。

四、罗马对于文化的贡献
- （一）一方面是继承和融化东方及希腊的文化。
- （二）一方面把那个融化过的文化，传受给它的西北邻居。

- 五、罗马文化与希腊文化的比较
  - （一）罗马文化的特点：罗马人是一个重实行的民族，他们的想象力，远不如希腊人的丰富，但他们的头脑冷静镇定，富于常识。他们文化的特点是：
    - 法律。
    - 政治。
    - 帝国的组织。
  - （二）希腊文化的特点
    - 文学。
    - 艺术。
    - 哲学。
    - 科学。

第九节　朝鲜的建国与中国文化的输入

- 一、朝鲜的开国
  - （一）箕子与朝鲜：相传中国周代初年，殷代遗臣箕子率国人五千到朝鲜半岛的北部去避难，把中国的文化带去了许多，他做了朝鲜的君主，定都平壤，这是汉族君临朝鲜的开始。
  - （二）卫满与朝鲜：汉代初年，卫满带了一千多中国人跑到朝鲜，赶走箕子的后裔，代为君主，国势也很强盛。
  - （三）汉武帝与朝鲜：汉武帝曾发兵攻朝鲜灭卫氏，将所得的土地置为四郡，从此南方的境界与三韩（马韩、弁韩、辰韩）接壤了。

二、朝鲜三国的对峙
- （一）三国的民族与土地
  - 1. 高句丽
    - 通古斯族，在公元前一世纪时侵入朝鲜而建国。
    - 在全盛时代，凡鸭绿江流域，全入了它的版图。
  - 2. 百济
    - 也是通古斯族，高丽建国时，它也在朝鲜半岛的西方兴起，占领了马韩的故地。
  - 3. 新罗
    - 韩民族，在半岛的东方兴起。
    - 土地占有辰韩和弁韩的故地。
- （二）三国对峙的情形
  - 三国对峙，成鼎立的局面，为时约共七百年，大约自中国西汉末叶到唐代初年。他们的政策是：
  - 1. 对内用一切合纵、连横的政策，互相攻击。
  - 2. 对外用一种远交近攻的政策，谨事中国及日本为他们内战的援助。

三、中国的佛教和文化传入朝鲜
- （一）原因 { 亚洲大陆与朝鲜半岛的交通，受了战争的影响，日益频繁，中国的文化得以逐渐输入。
- （二）高丽 { 公元372年，秦王苻坚遣人送佛像和经文给高丽，这是佛教传入高丽之始。
- （三）百济
  - 同时百济亦由海道与东晋交通，到近肖古王三十年时，百济始有些书籍。
  - 不久由胡僧摩罗难陀由晋去百济，传播佛教，这是佛教入百济之始。
- （四）新罗
  - 新罗受到中国文化的影响最晚。
  - 佛教由高丽输入。
- 佛教传到新罗以后，中国的文化和佛教就弥漫了朝鲜半岛的全部。

第十节　日本的建国与中国文化的东渡

一、日本的民族
- 他们自称为大和民族。
- 中国人称他们为倭奴。
- 他们的民族有中国人，有朝鲜人，有亚洲北方的民族，也有南洋群岛的民族。

二、日本的开国
- （一）绝不可信的传说
  - 日本人自称建国公元前660年。
  - 神武天皇为现今日本皇室最初的始祖。
  - 建都于本州的橿源。
  - 后来逐渐征服境内各族，是于日本三岛全属于大和民族的势力之下。
- （二）可靠的信史
  - 据现代日本学者的研究，日本在公元前一世纪以前有亚洲大陆民族的移入，生活野蛮，还是部落时代。建国当在一世纪后。

三、中国文化输入日本

（一）书籍的输入
- 古代日本本来是野蛮的岛民，那时没有文字，无论书籍。
- 中国东晋时，有个百济的博士，拿着中国的《论语》和周兴嗣的《千字文》到日本去教训天皇的太子，这是中国的学问，传给日本的第一次。

（二）受封于中国
- 在中国三国曹魏时，日本曾遣使臣，一通中国，魏遂封之为亲魏倭王。
- 公元四世纪，约在中国南北朝时代，日本又屡遣使臣朝贡中国，刘宋文帝喜，甚而就封日本天皇为安东将军兼倭国王。

（三）日人留学中国
- 公元607年，即中国隋炀帝时，日本天皇派遣小野妹子到中国来求佛经，并率领学生来中国留学，内有清安、玄理竟在中国留学三十二年才回国，日本的大化革新，强半都是此辈留学僧的力量。

（四）日本文学的来源
- 片假名是留学生吉备真备拿中国楷书的偏旁改造的。
- 平假名是名僧空海拿中国草书的偏旁改造的。

（五）日本来传中国文化的三种人
1. 使臣。
2. 僧人。
3. 留学生。

第二编 中古史

第五章　东罗马帝国与伊斯兰教

第一节　中古史概说

一、中古史的特点
- 一部中古史——约起自五世纪至十六世纪——是很重要的，其特点：
  - （一）亚洲方面
    1. 中国唐代承受以前的文化，至是发扬光大，其精美灿烂为前世所未有者；又日本诸国受了唐代的熏陶，始由野蛮而得进文明之域。
    2. 宋代艺术，亦卓绝千古。
    3. 蒙古民族统一亚洲，征服欧洲。
  - （二）欧洲方面
    1. 上承古代罗马文化的遗产，下启近古列国文化的端绪。
    2. 前半期有日耳曼人的逐渐开化。
    3. 后半期有古文艺的复兴。

- 二、欧洲中古文化的四大要素
  - （一）第一就是上古文化的总遗产。
  - （二）第二是基督教
    - 中古时期基督教的权威最大，他们所发生的影响也最大。
    - 1. 一面靠了他们的力量，古文化得以保存。
    - 2. 一面他们又能代替罗马征服去保护人民，维持秩序。
    - 3. 一面又以超出政治以外的资格，去感化入寇的野蛮民族。
  - （三）第三是伊斯兰教
    - 1. 伊斯兰教虽不是欧洲文化的主体，但欧洲人受它的影响很不小。
    - 2. 在欧洲黑暗的时代，伊斯兰教的首都科尔多瓦是欧洲唯一的明星。
  - （四）第四是日耳曼民族
    - 1. 此时日耳曼民族虽无文化可言，但是他们是欧洲民族的一个新血统，具有独立的精神。
    - 2. 日渐衰落的欧洲，因日耳曼人的精神得到一种生气，将各种文化的要素，融会贯通一下，造成一个现代的欧洲文化。

- 三、中古史与上古史的不同点
  - （一）上古史的重大成绩，是创造文化。
  - （二）中古史的重大成绩，是融化各种文化。

第二节 东罗马帝国

一、东、西罗马的国都与灭亡
- （一）西罗马
  - 国都——罗马。
  - 灭亡——476年被西哥特灭亡。
- （二）东罗马
  - 国都——君士坦丁堡。
  - 灭亡——西罗马灭亡后，东罗马苟延残喘，至千年之久，直到1453年，才为土耳其人所灭。

二、日耳曼人南侵西欧与东罗马的文化
- （一）西欧文化的泯灭——成为蛮族马蹄下的践踏品。
- （二）东都文化的隆盛——国都君士坦丁堡在当时是欧洲文化最兴盛的城市，典章文物灿然可观，建筑壮丽，街道清洁，西欧各城无可比拟。

三、东罗马皇帝查士丁尼的事业
- （一）武功——六世纪中叶他曾从日耳曼人手中恢复非洲和意大利，暂时把久经分裂的罗马帝国重新统一。
- （二）法典——他使人重编了一部法典，后人称它为《查士丁尼法典》，这是罗马人遗给后世欧洲的一件宝贵的物品。

四、东罗马的衰微
- （一）原因
  - 查士丁尼死后，无人能继续他的事业。
  - 外面有新起的波斯之侵略。
  - 同时伊斯兰教忽兴起于阿拉伯，乘东罗马衰乱时，侵占了亚洲的属地。
- （二）结果——从此东罗马的领土，只留有希腊和小亚细亚的一部分了。

第三节　波斯与东罗马

一、波斯的复兴
- （一）原因——波斯虽曾为安息所灭，但以人种、宗教、风俗均不相同，常起内乱。三世纪初年，安息与东罗马时常战争，国力因之疲敝，波斯人就此乘机反抗。
- （二）结果——领袖阿尔达希尔率领他的同族灭了安息，建立波斯王国，这就是波斯的萨珊王朝。

二、波斯复兴以后
- （一）对内——团结国民的精神——明定琐罗亚斯德教为国教，利用宗教的力量，来团结国民的精神。
- （二）对外——与东罗马帝国战争
  - 1. 原因
    - 波斯实力充足的时候，东罗马帝国也正在地中海东部称雄，两雄相遇，难免冲突。
  - 2. 远交近攻政策
    - 东罗马联合中亚的大国嚈哒来夹攻波斯。
    - 波斯效法罗马，联合中国西北的突厥来夹攻嚈哒。

二、波斯复兴以后 ── （二）对外──与东罗马帝国战争

- 3. 波斯求和：自波斯的英主库斯鲁一世死后，东罗马帝莫里斯用计离间波斯与突厥的国交，又举兵攻波斯，直抵波斯的国都，波斯不得已，同罗马讲和，自愿称臣纳贡。

- 4. 东罗马转败为胜：不久东罗马内乱，波斯乘机进攻，占领小亚细亚，攻叙利亚，直逼君士坦丁堡，这时候东罗马帝希拉克略统兵和波斯力战，结果竟转败为胜，将失地完全恢复。

- 5. 结果
  - （1）两国战争至是，前后已有二百年之久，从此两国国力疲敝，民不堪命。
  - （2）那时介于两国中间的大食（阿拉伯帝国，欧洲称之为萨拉森帝国）便得着一个勃兴的机会。

第四节　伊斯兰教与大食

一、伊斯兰教的创立
- （一）创造者——是阿拉伯南部的麦加城人穆罕默德。
- （二）创造的经过　他本是个赶驼夫，常和商人队至西亚各地经商，因以时与犹太人接近而习闻犹太教与基督教教义，渐受一神教的影响，颇反对其族旧有的宗教（多神教——麦加教）的信仰，而创伊斯兰教。632年他去世时，伊斯兰教成为阿拉伯全境的宗教了。

二、穆罕默德的逃亡与伊斯兰教的纪元
- （一）穆罕默德创造的伊斯兰教，到了七世纪初年，已渐为国人所注意。公元622年时，崇拜偶像的麦加人欲加害这位教主，于是他逃避到麦地那城，六年之后，凯旋而回到麦加。
- （二）伊斯兰教徒以他公元622年逃亡的一年为他们的纪元，叫作希吉拉。

三、穆罕默德的政治
- （一）阿拉伯人向来如一盘散沙，伊斯兰教出现之后，他们有了一个共同的信仰和共同的目的，便团结起来了。
- （二）他利用国人私斗的习惯，把他变成急公尚武的精神。
- （三）伊斯兰教的势力大增，大举侵入西亚和南欧。

四、伊斯兰教领土的扩张
- （一）伯克尔的武功：穆罕默德死后，凡是承继他的人，称为哈里发，其岳父伯克尔继位，做宗教和政治的首领后，即开始征服世界，分兵两路，一出波斯，一出叙利亚。伊斯兰教徒出阿拉伯不数年，即将西亚征服。
- （二）欧麦尔的武功：公元634年，教徒欧麦尔继位，屡败东罗马兵，占领耶路撒冷，大马士革及安都（安提俄克）诸名城，又败波斯兵。至公元614年时，伊斯兰教徒已占领西亚及中亚的大部分。
- （三）（公元661—949）倭马亚王朝的武力：
  - 都城——由麦加迁大马士革。
  - 第一年覆灭波斯，同时其西征军叠攻君士坦丁堡，而东罗马死拒，致未成功，但其别支于672年取道埃及，攻入北非洲；672年渡直布罗陀海峡，北上入西班牙，又北上越比利牛斯山入法兰克王国境，于732年为查理曼所败，从此伊斯兰教徒就止于西班牙，不再进攻。

至公元732年已造成亘古未有的萨拉森大帝国，其版图跨欧、亚、非三洲。东方底格里斯河畔的巴格达，西方西班牙的的科尔多瓦，都是富庶隆盛，文物灿烂，为中古时代伊斯兰教文化的中心。

五、伊斯兰教和伊斯兰教帝国的分裂

- （一）伊斯兰教分为三派
  - 1. 法蒂玛派——即中国所称的绿衣大食。
  - 2. 阿拔斯派——即中国所称的黑衣大食。
  - 3. 倭马亚派——即中国所称的白衣大食。

- （二）帝国分裂为三国
  - 1. 阿拔斯朝东伊斯兰教帝国
    - （1）兴起：公元749年，阿拔斯派有阿布·阿拔斯起兵由呼罗珊一直西侵，攻破大马士革，灭亡倭马亚王朝，自立为哈里发，是谓阿拔斯朝，移都于巴格达，是为伊斯兰教东帝国。
    - （2）灭亡：阿拔斯朝传世最久，从公元八世纪直至十三世纪蒙古兴起，始被灭亡，其初数百年为伊斯兰教帝国最盛时期。
  - 2. 后倭马亚王朝西伊斯兰教帝国
    - （1）兴起：阿拔斯朝建立，被覆亡的倭马亚王朝人士，皆经过埃及逃至西班牙，于公元756年建立后倭马亚王朝，定都西班牙的科尔多瓦，是为伊斯兰教西帝国。
    - （2）灭亡——于公元1492年为新兴之西班牙所灭。
  - 3. 法蒂玛朝：十世纪间法蒂玛派伊斯兰教徒因受突厥人的侵扰而西迁至埃及建立国家，称为法蒂玛朝。

- 六、伊斯兰教帝国的文化东传
  - （一）萨拉森灭波斯后，更引兵东向，逐渐平了中亚诸小国，一时葱岭以西受唐代羁縻的国家，都入了萨拉森的版图。
  - （二）后来伊斯兰教又越过兴都库什山传入印度，这就是印度有伊斯兰教的开始。

- 七、伊斯兰教帝国对文化的贡献
  - （一）发挥西方古有文明：当时在黑暗时代，只破坏，无建设，古文化几全泯灭；而其时伊斯兰教帝国中，大小学校，甚为发达，远至西欧诸国人都来留学。抄书事业极盛，凡希腊的古著作，都有阿拉伯译本。因以西方向有的文明，乃在伊斯兰教帝国中发挥出来。
  - （二）文学优美：《天方夜谭》相传为阿拔斯朝的故事，该书流传于现在，有永久性，有世界性，可见其文学优美之一斑。
  - （三）科技贡献
    - 数学——阿拉伯数字，最初由印度人发明，后由阿拉伯人传向欧洲，使之成为国际通用，所以人们称之为"阿拉伯数字"。
    - 天文学——世界上有天文台以观察天象，亦始于阿拉伯人。
    - 医学——他们知用麻醉剂施行割治手术，其所用药物完全为化学药品，实是近代欧洲医药的先导。

七、伊斯兰教帝国对文化的贡献
- （四）工商业发达
  - 在巴格达、大马士革、安都（亚洲）、开罗、亚历山大城（埃及）、科尔多瓦（西班牙）等诸名城的工商业都极繁盛。
  - 自七世纪以后，商业的势力已东至中国印度，西至地中海，所有海上的贸易全为阿拉伯人所操纵，直至十五世纪土耳其兴起时始止。
- （五）传递东方文化
  - 将中国的造纸术，经内中亚而传至欧洲。
  - 八世纪间，伊斯兰教帝国已知中国的造纸术，而各大城中即盛行造纸。十三世纪末年，意大利始有纸厂，自此造纸术始入欧洲。

第六章　中古前半期欧洲的宗教与政治

第一节　中古的基督教

一、基督教的罗马化与政治化
- （一）罗马化：中古的基督教，因信徒中有许多罗马人，他们便把罗马文化的元素加入了基督教，于是基督教罗马化了。
- （二）政治化：
  1. 中古罗马受日耳曼人的骚扰，内政腐败，基督教的教士，负有保护人民和保存文化的责任，因此，基督教成为罗马政府的继承人。
  2. 基督教徒以超出政治的资格与博爱和平的教旨，去感化入寇的蛮族。

  有此二因，基督教便政治化了。

二、基督教的功罪
- 功：
  - 基督教是欧洲古代文化的一个大救世主。
  - 基督教是欧洲近世文化的一个大功臣。
  - 基督教是欧洲黑暗时代唯一的光明。
- 罪：中古时代的欧洲完全受它的笼罩，凡举一切思想、判断、行为和生死，都逃不出它的势力范围，这巨大的权威到文艺复兴以后，才渐有消灭的趋势。

第二节 教皇制度的兴起

教皇制度为欧洲史上的一个重要的产物，是基督教权力的结晶，也是欧洲中古的一个大势力，其产生的原因有四：

一、教皇制度产生的原因

（一）自日耳曼人入寇，西罗马灭亡起，那个意大利半岛，便日处于扰攘之中；后来伦巴底人虽然占领了意大利有三百年之久，但是他们在政治上无建设的能力，罗马教皇就应运而生。

（二）当时的社会的情形，混乱不堪，人民死亡流离痛苦已极，精神和身体都无处可寄托，觉得人生毫无兴趣可言。这种情形，最宜于宗教的宣传和它势力的增加。

（三）头脑简单和心胸爽直的日耳曼人容易受宗教的感化，所以不久，那班蛮族的君主，都变成基督教的信徒。

（四）自从基督教传入罗马，受罗马政治组织的影响，由一简单的精神团体，变成一个有系统、有秩序的组织，教皇就变成这种组织中的首领。

二、教皇的由来

（一）基督教在罗马帝国境内各大城中都设有主教。

（二）罗马城的主教的地位和势力都驾乎其他主教之上。

（三）因此罗马的主教便几为基督教的首领，和上帝的总代表。

- 三、基督教的分裂
  - （一）原因 ── 东罗马首都君士坦丁堡的主教，与罗马的主教地位是平等的，后来因为东方的教会禁止崇拜偶像，西方教会不从，于是基督教遂分裂为二。
  - （二）结果
    - （一）东方以君士坦丁堡为中心，叫作希腊教（东正教），牧首对东罗马皇帝处于臣属的地位。
    - （二）西方以罗马城为中心，叫作罗马教（天主教），教皇因西罗马早亡，俨然做了个独立的地位。

第三节　法兰克王国

- 一、法兰克人
  - （一）民族 ── 是日耳曼民族中的一族，当教皇权力扩张之时，他们正在莱茵河畔发展。
  - （二）与其他日耳曼人之异点 ── 他们不像别的日耳曼民族专以寇掠为事，他们一面虽侵略邻近的疆土，一面却保守着自己的故乡，所以他们的国基，较其他远离乡土深入异邦的蛮族坚固得多。

- 二、克洛维的事迹
  - （一）奠定国基
    - 创造墨洛温王朝。
    - 他在位二十五年（公元486年即位，511年去世），武功甚大，征服许多部落，奠定法兰克的国基。
    - 建都巴黎。
  - （二）合一政教 ── 他信奉基督教，与罗马的教皇交好，开始政教合一。

三、克洛维死后的法兰克
- （一）内乱：国内争夺王位，内乱一百多年，国王权力堕入大公卿手中，即所谓"宫中执政大臣"，成为一个"宫相执政"时代。
- （二）版图：但民族的发达和版图的扩张，未尝中止，至六世纪中叶，其版图已包有现在的法国、比利时、荷兰及德国的西部了。

四、加洛林朝的建立
- （一）查理·马特的私愿——七世纪，宫相查理·马特专心培植实力，立意篡夺克洛维王朝。
- （二）助成的外力
  - （一）伊斯兰教：八世纪初年，他执政时，伊斯兰教帝国由西班牙北上进攻高卢，侵略法兰克王国的西南境，两年大战，结果伊斯兰教军大败，退回西班牙，从此伊斯兰教帝国不再北上而渐南退。查理·马特因此威力增长，后来改换朝代，非常容易。
  - （二）教皇：查理马特死，子丕平助教皇打败伦巴底人，把夺得的土地赠予教皇（从此罗马教皇便成为有土地的君主了）。公元751年，丕平得到教皇的允许，便正式即法兰克王国的王位，是为加洛林王朝。

第四节　查理曼

一、查理曼
- （一）是丕平的儿子。
- （二）是一个忠实的基督教徒。
- （三）是中古欧洲日耳曼民族的一个最伟大的人物。
- （四）他的企图——他一生的目的，是要想把欧洲的各日耳曼民族统一起来，造成一个基督教大帝国。

二、查理曼初即位时法兰克的四邻
- （一）西南——属于伊斯兰教的西班牙。
- （二）南——有为伦巴底人占据的意大利。
- （三）东方——是斯拉夫民族。
- （四）东北方——是游牧的萨克森人。

三、查理曼的武功
- （一）公元774年他第一次战胜了伦巴底人，强迫他们的国王入寺为僧。
- （二）又陆续的征服西班牙的北方一小部。
- （三）公元789年打败东方的斯拉夫人。
- （四）在775至790年间，利用教士感化的力量，以助他之武力，征服了萨克森人。

到公元800年时，他的势力已经遍及西欧了。

四、查理曼的文治
- （一）他以国土广大，恐不易治理，把国内分成多少政治区域，命伯爵统治之，边疆之上，另设边防使。
- （二）时时特派巡按使巡行全国，遍问民间疾苦。
- （三）建设学校，提倡文化。
- （四）奖励工商业。

内政修明，使三百年黑暗的欧洲，发现一线的光明。

五、查理曼为罗马皇帝

（一）为教立功
1. 他每得一地，必令人民立誓，永远尊重教会；凡逃匿不受洗礼的，处以死刑。
2. 人民须以十分之一的产业，贡献于教会。
3. 教堂的基地同教士的住宅，均须由人民供给，于是教堂与寺院便成为各地社会生活的中心，城中的主教，也就成为那处人的领袖。

（二）加冕
1. 罗马教皇极感其卫教的功德，更因他的版图广大。
2. 公元800年，教皇利奥三世乘他在罗马之时，便把皇冠加在他的头上。

六、查理曼帝国的分裂 —— 查理曼 —— 路易 ┌ 长子洛泰尔得帝国中部和意大利，并袭称帝号。
　　　　　　　　　　　　　　　　　　├ 次子路易得东部称王，成东法兰克王国（即今德意志）。 ┤ 此即今意、德、法三国的起源。
　　　　　　　　　　　　　　　　　　└ 三子查理得西部称王，成西法兰克王国（即今法兰西）。

七、查理曼帝国分裂后的状况
（一）西法兰克王国忙于征服国内的诸侯，无暇外顾。
（二）东法兰克王国封建制度盛行，各诸侯的精力，大半费在争夺意大利的皇冠上，无暇注意内政。
（三）意大利境内城邦林立，日渐强盛，彼此仇视，毫无团结精神，往往做德意志诸侯的囊中物，为他们争夺皇冠的牺牲品。

第五节 神圣罗马帝国

一、神圣罗马帝国
- （一）起源
  - 1. 奥托一世的事绩：公元九三六年萨克林的奥托一世被选为德意志国王，他是个有雄才大略的君主。他的事绩：
    - （1）扩充领土。
    - （2）建立殖民地。
    - （3）传基督教于殖民地，开化那里的人民。
    - （4）替教皇驱逐敌人的侵寇。
  - 2. 教皇的需要
    - （1）罗马教皇自查理曼大帝死后，又失保护，久想物色一位像查理曼的保护者。
    - （2）此时教皇约翰十二世见奥托一世雄才大略，又有功于教，颇觉胜任为其保护者。
    - （3）公元962年教皇邀奥托至罗马，复以罗马皇冠加于其首。
- （二）性质——神圣罗马帝国是教会和日耳曼民族合作的结果，是教会和日耳曼帝国的混合物。
- （三）名义上——神圣罗马帝国为西欧、中欧的共主。
- （四）实际上——只领日耳曼与意大利两部。

二、教皇与皇帝的冲突
- （一）原因：神圣罗马帝国是教皇与皇帝的共有物，利害关系甚大，因以两者之间，不能不发生势力的冲突。
- （二）事实：
  1. 公元1075年教皇格列高利七世禁止皇帝敕封主教，皇帝亨利四世大为反对。
  2. 教皇把皇帝驱逐出教。
  3. 亨利不得已，于寒冬南下，粗衣赤足地立在风雪中哀求了三日，教皇才恕他。
  4. 后来亨利再同教皇冲突，带兵攻克罗马，教皇竟就此气死了。

他们二人的争雄，可以代表欧洲中古教皇与皇帝两大势力的冲突。

三、教皇的权力
- （一）最盛的时代：十二世纪末年至十三世纪初年，英诺森三世为教皇的时候，极力扩充教权，雄霸全球，是教会的权力最盛的时代。
- （二）衰微的开始——自1216年英诺森三世死后，教皇的势力与信用就渐形低落。

第六节 欧洲列国的雏形

一、列国的成分与成立的时期
- （一）成分
  - 大多数是日耳曼民族。
  - 是罗马文化同基督教的混合物。
- （二）时期
  - 早的成立于第九、第十世纪。
  - 迟的成立于十九世纪，但在十世纪时，已具雏形。

二、法兰西
- （一）名词的由来：西法兰克王国自成立以后，诸侯强盛，王室衰微，内乱了一百多年，至987年法兰西公雨果·卡佩做了国王，国内重新统一，国名也就改为法兰西。
- （二）最强盛的诸侯：是诺曼底公国，他们本是斯堪的纳维亚半岛的北蛮，后来得到法兰西北的一块地方，渐信基督教，吸收法国文化，到十二世纪时，成为一个文明的地方了。

三、英吉利
- (一) 名词的由来
  - 英国原名不列颠。
  - 公元前 55 年罗马大将恺撒曾征服其地,这是不列颠见于历史上的第一次。
  - 公元后五世纪,萨克森及盎格鲁人乘罗马衰亡侵入此岛而为主人,英格兰的名字是从盎格鲁一字转来的,定居下来的萨克森人,也被称为了撒克逊人。
- (二) 与欧洲大陆发生密切关系
  - 1066 年诺曼底公爵威廉做了英国的国王,以此,英吉利便与欧洲大陆发生了密切的关系。
- (三) 与法国纠纷的起点
  - 1154 年,诺曼底王统中绝,法国的安如伯爵亨利二世即了王位。
  - 亨利因为受了他父母的遗产和他妻的嫁奁,他的版图,包有英格兰、诺曼底安茹,及阿基坦各地,所以他的领土,在法国境内,比法王的大得多,但他仍算是法王的臣属,日后英法两国的纠纷,实基于此。

四、德意志与意大利
- (一) 国之雏形——两国在查理曼帝国分裂以后已略具雏形。
- (二) 政治上的单位——直到十九世纪中叶才各成为欧洲政治上的单位。

五、奥地利
- （一）初见于历史——奥地利在十世纪下半叶始见于历史，那时不过是个边防区。
- （二）奠定国基——到十三世纪末，哈布斯堡的鲁道夫占据了奥地利，这便是奥地利帝国的基础。

六、匈牙利
- （一）人种——匈牙利是亚洲的匈奴人和欧洲人的混血种。
- （二）游牧——当奥托一世时代，他们还是游牧的民族。
- （三）植定国基——后来东法兰克王奥托一世把他们打败了，他们就跑到日耳曼的东边住下，渐渐地植定了他们的国基。

七、俄罗斯
- （一）民族——是斯拉夫民族。
- （二）建国——中古初年，他们由欧洲东北方南下到处掠杀。至九世纪时有一个名留里克的，把他们集合起来，建了一个国家，这便是俄罗斯的起源。

第七章　基督教与伊斯兰教的冲突

第一节　突厥民族的兴起

一、突厥民族的建国和灭亡
- （一）未建国前的情形：他们本是住于阿尔泰山南的游牧民族，原是柔然的臣属。那时他们没有文字，没有历法，但以畜牧为生，残忍好杀。
- （二）建国：公元六世纪时，他们才渐渐成为国家，先灭了柔然，后来打败嚈哒、吐谷浑，东边又去攻打契丹，赫然为亚洲一大帝国。
- （三）盛时的版图
  - 北包西伯利亚。
  - 东北至满洲。
  - 西接罗马。
  - 西南包中亚细亚。
- （四）分裂东西：中国隋朝时代，突厥分裂为东、西两国。
  - （一）东突厥——先为中国唐代所灭。
  - （二）西突厥——继东突厥为唐所灭，自此葱岭以西，大半臣属于唐，而唐和西亚的波斯直接毗连了。

二、突厥势力的西渐
- 到了中国宋朝初年，突厥的遗族的势力又向西进展了。
- （一）占据的地方
  1. 葱岭以东的天山南北路。
  2. 葱岭以西的土耳其、波斯、美索不达米亚等地。
- （二）伊斯兰教帝国势衰：突厥势力西渐，西亚萨拉森帝国的威势，因此就一天一天地削弱了。

三、突厥民族的复兴
- （一）加兹尼王朝
  - 961年，突厥人阿尔普特勤率领他的同族，在波斯东部建立一个国家，叫作迦色尼朝。
  - 这是突厥民族在西亚的复兴，这朝代共传二百余年。
- （二）塞尔柱帝国
  - 同时又有另一支塞柱突厥人已经取了不花剌（布哈拉），奠都于内沙布尔，叫作塞尔柱朝。
  - 不久国势强盛，常与东罗马争衡，又占据小亚细亚，虐待基督教徒，引起十字军的东征。

第二节　十字军东征

十字军东征
- （一）时期——起于 1096 年，终于 1291 年。
- （二）次数——前后共八次。
- （三）原因
  1. 十一世纪塞尔柱突厥人占据基督教的圣地耶路撒冷，虐待基督教徒。
  2. 基督教徒回到欧洲去，将他们所受的痛苦，大肆宣传，欧洲人心大为愤激。
  3. 正当此时，东罗马大败于突厥人，皇帝便向教皇求救。
  4. 教皇也眼见伊斯兰教势力膨胀，深恐自己地位动摇，一面为了恢复圣地和援救东罗马，一面为巩固自己的势力与地位起见，便在 1095 年召集了一个大会，召集欧洲的武士及教徒带了十字架的徽章，以事东征。
- （四）十字军的分子——这个军队完全是欧洲的基督教徒所组织的，但里面的分子很复杂，有诸侯、武士、学者、商人、无业游民、囚犯和盗贼，等等。

十字军东征	（五）成绩		第一次在1099年夺回耶路撒冷，建立一个耶路撒冷王国，成绩甚佳，第二次完全失败。以后的六次已成强弩之末，在实际上都无何成绩可述。
	（六）意外的结果	1. 东方文化输入西欧	当时小亚细亚和东罗马文化程度，远胜西欧，那些从军的青年武士，目睹东方的繁华、学业的发达、社会礼俗的文雅，不由他们不期然而然地弃野就文，遂将东方文化传入西欧。
		2. 地中海沿岸兴起繁华的城市	因十字军往来，东西的交通大盛，工商业因之发达，地中海沿岸繁华的城市骤然兴起的很多。
		3. 欧洲的清健和武士封建制度的动摇	在十字军东征以后，欧洲的社会减少了许多的武士、流氓、乞丐、囚犯和盗贼，因以欧洲就有清新和健康的希望。 又因战术变化的缘故，武士制度和封建制度也就根本动摇了。
			上述三项，不仅是十字军东征意外的结果，而且也产生近古文化的几个重要种子。

第八章 蒙古民族与土耳其帝国

第一节 蒙古民族的兴盛与帖木儿

一、蒙古民族的勃兴
- （一）游牧民族——蒙古民族本是亚洲斡难河上游不尔罕山（肯特山）附近的游牧民族。
- （二）铁木真出世——在十三世纪初年，铁木真（他自称成吉思汗，中国历史上称元太祖）崛起，势力遂逐渐扩张。
- （三）成吉思汗的武功——他先吞并了现今的内外蒙古。又举兵南下，打败金兵，占领中国的北部。
- （四）开西征之局——不久他又与西亚的花剌子模起衅，开空前未有之东方西侵之局。

二、蒙古的西征
- （一）第一次

成吉思汗占领中国北部后不久，即率领大兵西征，其成绩为：

1. 首先于1231年灭亡花剌子模（花剌子模是伊斯兰教所建的国家，势力极盛时，是大食以后西亚的第一个大国）。
2. 又遣将西征突厥所建的钦察，一直攻欧洲的俄罗斯，打败俄国的联军。

二、蒙古的西征
- （二）第二次：1234年，蒙古既灭了西夏及金，东方已无强国，于是大汗窝阔台命他的侄儿拔都又带兵西征，其成绩为：
  1. 灭保加利亚。
  2. 攻毁莫斯科。
  3. 侵略波兰及匈牙利两国，打败欧洲的数十万联军——此时全欧洲人惊惶万状，名曰黄祸。不幸窝阔台的死耗传到欧洲，拔都即班师东归了。

- （三）第三次：1253年，大汗蒙哥又命旭烈兀西征，其成绩为：
  1. 平定了里海以南的伊斯兰教部落。
  2. 打败巴尔干半岛的联军。
  3. 灭亡萨拉森东部的王国。

三、元及四大汗国

（一）蒙古至忽必烈时候，已经灭了南宋，统一中国，是为元世祖。

蒙古自成吉思汗起，至忽必烈止，不过七十年，版图东至中国高丽，西至小亚细亚与欧洲的俄罗斯，建立一个空前未有的大帝国，元世祖为统治便利计，除自己统治蒙古及南洋外，建立了四大汗国：

（二）钦察汗国——统治俄罗斯及外高加索一带地方。

（三）察哈台汗国——统治中央亚细亚一带地方。

（四）窝阔台汗国——在察哈台的东北边境，统治天山南北路一带地方。

（五）伊尔汗国——统治波斯、印度、里叙亚、阿拉伯、小亚细亚各地。

四、蒙古人对于文化的贡献

（一）当元人极盛时代，东西洋的交通，海陆均通行无阻，行旅往来，商业交易，无不因便利而发达。

（二）元人对于宗教和从前安息、突厥等黄种人一样，态度宽大，对于伊斯兰教、基督教、佛教，无不一视同仁，听其自由信奉。

（三）将东方的印刷术、火药、罗盘针等传入欧洲，促进欧洲的进步，贡献至大。

五、蒙古人的衰亡

（一）元人治中国还不到百年，就于1368年被中国的明太祖所灭。

（二）蒙古故土于十七世纪后并入中国。

（三）中亚及南俄一带的元人余裔，都于十九世纪前被俄人所灭。

六、帖木儿
- （一）勃兴：1369年蒙古的远族帖木儿兴起，占据了察哈台汗国的东、西两部，建立一大帝国，后来又灭了伊尔汗国，更北侵钦察汗国，直达莫斯科，南边又侵略印度，所向无敌。
- （二）衰亡：帖木儿去世以后，不久即内乱，又北方有元朝后裔率领的乌孜别克族的入侵，而又受其他突厥族的压迫，到1507年，帖木儿在中西所建的帝国就瓦解了。

第二节　土耳其与东罗马帝国的灭亡

一、奥斯曼土耳其
- （一）兴起——塞尔柱突厥势力衰落，奥斯曼土耳其代兴。
- （二）灭亡东罗马：他们渐渐地由小亚细亚侵入欧洲，蚕食东罗马帝国的领土，使其领土仅剩君士坦丁堡和附近的一点而已，到1453年竟将它灭亡了。自此以后，土耳其便上了欧洲政治和历史的舞台。
- （三）盛时的版图：
  - 欧洲的巴尔干半岛。
  - 非欧的埃及。
  - 亚洲西部。
  - 小亚细亚。

  都在土耳其的版图之内，是个雄跨欧、亚、非三洲的大帝国。

二、近东问题
- （一）形成的原因
  - 1. 突厥人侵入欧洲，因民族的个性较强，不肯和欧洲人同化。
  - 2. 基督教的欧洲忽然插入一个信仰其他宗教的国家，绝非欧人所心喜者。
  - 3. 英、法、俄、奥诸国自十七世纪以后逐渐强盛，很想把数千年来黄种西迁的局面，一变为白人东渐的形势。
  - 4. 土耳其位于东欧，首当其冲，而十七世纪以后的君主又不能急起直追，事事落伍。
  - 有此种种关系，遂发生十九世纪以来欧洲所谓的"近东问题"。
- （二）意义——就是欧洲人怎样去消灭土耳其黄种人在欧洲所建的帝国。

第九章 中古欧洲的制度与文化

第一节 封建制度

一、欧洲的黑暗时代
- （一）时期——自五世纪至十四世纪。
- （二）社会——到处蛮族横行，社会的秩序紊乱。
- （三）教会——势力膨胀，古代文化几乎破产。

一般人受尽了流离死亡的惨痛，对于人生毫无乐处。

二、黑暗时代的两大特点
- （一）封建制度。
- （二）修道院制度。

三、封建制度
- （一）起源
  - 1. 公伯、镇将、主教、大地主的自卫：自西罗马灭亡后，欧洲的社会紊乱已极，君主无力，军队不强，各地治安无人过问，于是公伯、镇将、主教、大地主，为自卫起见，往往在形胜的地方建筑堡垒，以便防御外寇的侵入。
  - 2. 平民要求收容
    - （1）堡垒邻近的小地主、农人和无业的平民不能自卫，遂不得不向他们哀求收容而受保护。
    - （2）这些平民必须供献他们的土地的一部分或全部，或是他们的劳役，给那些堡垒的主人，承认堡垒的主人为这地的保护者，因此他们就成为保护者的奴隶了；而堡垒的主人，便渐成为大地主。

三、封建制度
- （一）起源
  - 3. 几种性质的混合：大地主中有的是从前罗马的贵族，或帝国的官吏，有的教士，或是寺院的住持，这个带着经济性质、政治性质和宗教性质的混合物，便是欧洲"封建制度"的起源。
- （二）内容
  - 1. 中心
    - （1）查理曼征讨之时，喜以征服之地封给他的官吏和教士。
    - （2）同时公伯、镇将，也渐渐强大起来。
    - （3）上面所述的大地主。

    都成为封建制度的中心。
  - 2. 分封土地的情形：这时他们都已成为一地的诸侯，常把土地封给臣属，臣属又可把所得的土地再分给他的附属，层层叠叠，好似金字塔一般。
  - 3. 臣属的义务
    - （1）平时除服从诸侯的命令以外，还要尽纳税的义务。
    - （2）遇战争时，须在诸侯的军中服兵役。
  - 4. 诸侯的名义与实际
    - （1）名义——属于国王。
    - （2）实际——无异独立的君主。
- （三）盛极一时——至十三世纪时，封建制度弥漫于西部的欧洲，真是盛极一时了。
- （四）附属品——骑士制度
  - 1. 贵族的闲情：骑士制度实为封建制度之花，当时一般贵族无所事事，大都提倡勇武，奖励豪侠。
  - 2. 骑士的养成
    - （1）凡男子欲为骑士，必须服相当的劳役，受相当的教育，并须择定一个贵族为他的主人，自己立誓做他的臣属。
    - （2）他们以忠勇为荣耀，以信宗教、敬妇女、抑强助弱为美德。

第二节　修道院制度

修道院制度
- （一）修道院的建筑
  - 1. 地点：公元六世纪时，西部欧洲一带寺院林立，大都与城市相距很远，建筑在清净之处。
  - 2. 形式：
    - 中心是院。
    - 四周是室。
    - 院北是礼拜堂，非常华丽。
    - 院西是贮藏室。
    - 院南是食室和盥洗所。
    - 院东是寝室。
- （二）修道院与修道士
  - 1. 修道院制度最大的力量，在能感化各阶级中的人。
  - 2. 中古欧洲黑暗，民不聊生，其时，有许多笃信宗教的贫而无告的，以及思想高超不愿为兵的，贤与不肖，都遁到清闲的修道院里去，因此修道士的人数，就日渐增多了。
- （三）修道院的清规
  - 1. 编订的原因——修道士既日增月盛，他们渐感着有编订规则的必要了。
  - 2. 首次编订——529年，圣本笃制定规程，这是修道院有清规的第一次。

- 修道院制度
  - (三) 修道院的清规
    - 3. 内容
      - (1) 院长的权力 — 是修道院中的首领,由修道士选任,他有统辖修道院之全权,修道士均须服从他的命令。
      - (2) 修道士的职业和遵守
        - 须有服从、贫苦和贞洁三种志愿。
        - 除祈祷静坐之外,有例定的工作,壮者耕种,弱者抄书。
        - 不得私有财产。
        - 不得终身娶妻。
  - (四) 对于文化的影响
    - 1. 修道院中优秀分子
      - (1) 修道院中的生活虽是清苦,而在那时却是福地,文人学士都以修道院为藏身之所。
      - (2) 后来许多有名的哲学家、历史家、艺术家、诗人都是由修道院产生出来的。
    - 2. 抄书的劳绩 — 抄书是修道士的重要职务,虽错谬百出,但那时印刷术尚未发明,实是一种重要的工作,古文化的保存、拉丁文学得以流传下来,几都是他们的劳绩。

第三节　中古的文化

一、中古文化的两大时期
- （一）黑暗时期
  1. 愚昧的空气，笼罩了欧洲大陆。
  2. 教会的信条，为人民思想的中枢。
- （二）过渡时期
  1. 代表中古文化的教皇制度和封建制度，已渐衰落。
  2. 近古文化的列国和城市，日渐发达，十字军及大学，又引出文艺复兴来。

二、中古的文化
- （一）列国的成立
  - 1. 是教皇制度和封建制度的致命伤。
  - 2. 是近古文化的引导者。
- （二）大学的设立
  - 1. 大学的设立，是欧洲思想界逐渐解放的表征。
  - 2. 十二、十三两世纪为各大学勃兴的时代。
  - 3. 当时已有巴黎、牛津、剑桥等有名的大学。
  - 4. 科目以《圣经》和亚里士多德的著作为主。
- （三）城市的兴起
  - 1. 因十字军东征，东西交通便利，商务因以发达，城市因以兴起。
  - 2. 中国的纸、印刷术及指南针等，都在此时输入欧洲，为文艺复兴，添了许多良好的重要工具。
- （四）埋藏古文化之处
  - 1. 修道院。
  - 2. 东罗马帝国。
  - 3. 伊斯兰教。

这三种是打破中古欧洲的势力的原动力。

第十章 欧洲文艺复兴

第一节 文艺复兴的意义与原因

一、文艺复兴的意义
- （一）文艺复兴是欧洲中古文化的一个反动，上古人生观的复活。
- （二）它是中古与近古间的一块界石。
- （三）它的意义，不仅是希腊、罗马古文艺的再生，而且也是近世一切文化的诞生。

二、个性的复活和个人及宇宙的发现与文艺复兴
- （一）中古时代欧洲的个性
  1. 个性为基督教会所压制，除了祈求死后的幸福外，别无希望。
  2. 他们无论在知识方面，或是情感方面，都无发展的机会。
- （二）个性复活
  1. 原因——社会秩序渐定，人民生活渐安，乃渐有余暇来发展他们的个性。

     他们便把这个束缚挣脱，去重过他们的自由生活。
  2. 影响——这个个性的复活便是文艺复兴的酵素。

二、个性的复活和个人及宇宙的发现与文艺复兴
- （三）个人的发现
  1. 定义——就是自个性复活而后，人们知道在教会的束缚以外，还有个人的存在。
  2. 影响——人们既觉悟到个人的生命可不受教会的挟制，自然自行其自由，凭其个性探讨。
- （四）宇宙的发现
  1. 定义——就是因为天文学和地理学上的发现，知道地球在宇宙中的位置。
  2. 影响——人们既知教会所倡的地为中心之说的荒谬，而人类的尊严，在宇宙中也渺乎其微，遂激发人们求知之心了。

这两个发现，也是个性复活的产品。

三、文艺复兴产生于中古末期意大利的原因
- （一）到了中古末期，教会腐败，权力衰微，人们对于学问的研究渐趋自由。
- （二）希腊、罗马的古籍，一方有修道士的抄录与保存，一方有伊斯兰教徒的翻译同整理，没有完全消灭。
- （三）十字军东征以后，伊斯兰教的文明次第输入欧洲。
- （四）意大利诸城在当时最为隆盛富庶。
- （五）意大利的城邦政治足以促进人民思想的自由和天才的发展。
- （六）是地利和人和的关系，因为意大利北部各城邦，得着交通和商务的便利，意大利的人民有爱悦文艺的天才。

第二节 文学与艺术

一、文艺复兴的先驱——但丁
- （一）他是十三世纪至十四世纪（1265—1321）意大利的佛罗伦萨的一个诗人。
- （二）他的杰作
  1. 《神曲》——《神曲》中的人物都是活的，有精神的。
  2. 《新生》——是他少年时代的传记，把火一般的热忱和高尚纯洁的爱情，都溢于字里行间。

一、文艺复兴的先驱——但丁 ┫（三）对于文化的贡献 ┫
1. 他的古学（上古希腊、罗马黄金时代的学术思想及文章）的研究。
2. 个性的表现。
3. 能运用意大利的方言，成为方言文学，是方言文学的开始者。

二、文艺复兴时代最大的导师——彼特拉克
- （一）他也是意大利的佛罗伦萨人（1304—1374）。
- （二）他的成绩——不仅在许多用意大利方言写成的诗歌、史诗等文学作品，还在他的研究古学和注释古籍。
- （三）对于文化的贡献
  1. 第一是他的为古学而研究古学的精神，及传播这种精神于当时的社会。
  2. 第二是他的收集和整理古文残稿。
  3. 第三是他的舍弃肤浅的创作而从事复古。历史家称他为人文主义之父。

三、米兰多拉
- （一）他也是意大利的佛罗伦萨人。
- （二）对于文化的贡献——他在后继起，更进而介绍希腊作品，古代欧洲文化，始复兴于欧洲。
- （三）他的《论人的尊严》被称为"文艺复兴的宣言"。

四、文艺复兴时代艺术界的三杰
- （一）达·芬奇
- （二）米开朗基罗 } 对于建筑、雕刻、绘画三种艺术，无一不能，无一不精，他们同时又是工程师、诗人和科学家。
- （三）拉斐尔，是个集绘画的大成者，他能运用伟大的天才，采取所有艺术家的佳处，把它制成心灵与肉体相调和的新艺术。

五、文学和艺术的共同精神
- （一）都是现世的追求，代替天国的希望。
- （二）都是以思想的解放，代替宗教的束缚。
- （三）都是以动代静。
- （四）都是以活泼代寂灭。
- （五）都是以研究代迷信。
- （六）都是以实际代冥想。

} 这就是文艺复兴的精神，也就是现代一切文化的精神。

第三节　科学时代的开始

科学时代的开始
- （一）中古时代的科学
  1. 修道院掌有学术上的权威，而修道院学派只准在故纸堆里讨生活，做分析旧籍陈言的事业，不许有怀疑的思想。
  2. 亚里斯多德在科学上未成熟的学说反做了他们的护身符。
- （二）科学的新精神

  至十三世纪的英人罗杰·培根出世，方才极力攻击那经院学派，主张以观察及实验为寻求真理的工具，这就是现代科学的曙光。
- （三）天文学上的发现
  1. 在科学方面，最先脱离中古黑暗的是天文学。
  2. 十六世纪时的波兰人哥白尼第一个主张以太阳为宇宙的中心，于是中古欧人以地球为宇宙的中心之说，为之破产，是天文学上的一个大革命。
- （四）科学的新方法
  1. 科学的方法未和科学的精神同时改进，中古时人所用的，仍是亚里斯多德的演绎法。
  2. 直到十六世纪时，始有弗朗西斯·培根根据科学的精神创归纳法的全部程序，乃始有近世所谓的科学方法。

第十一章 欧洲民族国家的成立与地理上的大发现

第一节 英法两国在政治上的途径

一、英吉利

（一）诸侯、人民迫英王承认《大宪章》

1. 原因
   - （1）十三世纪，英王约翰在法国的领土大半为法所夺走。
   - （2）同时英王得罪教皇，被教皇逐出教会。

   有此二因，国内诸侯和人民于 1215 年以武力强迫英王承认《大宪章》。

2. 《大宪章》的内容
   - （1）国王不得拘捕人民。
   - （2）增加租税，须得国民代表的同意。
   - （3）国王和他的臣属，不得滥用威权妨害人民的自由和习惯。

   是民本主义的神髓。
   是英国宪法上最重要的一部分。

（二）现代国会制度的滥觞　到 1265 年国会的议员除贵族、僧侣外，加入了平民的代表，这便是现代国会制度的滥觞。

所以英国自十三世纪，在政治上所走的途径是"君主立宪"。

二、法兰西
- （一）三级会议 ── 法国在十四世纪初年，召集了一个三级会议，但这个会议与英国会不同，是没有实权的。
- （二）国王的权力 ── 国家的实权，此时仍握在法王的手中，所谓三级会议徒有其名，是毫无权力的。

所以法国自十四世纪初年，在政治上所走的途径是"君主专制"。

三、百年战争
- （一）交战国 ── 英国和法国。
- （二）时期 ── 1337至1453年。
- （三）原因 ── 英王爱德华三世与法王腓力六世互争法国王位。
- （四）结果 ── 前两次的大战都是英国胜利，后来法国忽然出了女杰，名叫贞德，竟打败英人。到了1453年，英国在法国的属地，十九失去，大战便从此中止。

四、百年战争后的英国 — 战后不到两年便发生一次玫瑰战争的内乱
- （一）原因 ── 兰开斯特家族与约克家族间，发生王位之争，内乱三十年，因前者用红玫瑰徽章，后者用白玫瑰徽章，故称为玫瑰战争。
- （二）结果 ── 贵族多数阵亡，诸侯势力消灭，王权因之大张。
- （三）影响 ── 十七世纪中英国的两次革命，便是对于这种君主专制的反动。

五、百年战争后的法国
- 1. 消灭诸侯的权力。
- 2. 把英国人驱逐出境。
- 3. 法王握有设备军队和征收军税的特权。

由此以后，法国的君主政体，益形稳固，王权益形扩张。

第二节　西班牙、葡萄牙和其余诸国

一、中古时代的伊比利亚半岛
那时伊比利亚半岛全在伊斯兰教的势力之下，但自十一到十三世纪之间，基督教徒与伊斯兰教徒经过多年的战争，乃有卡斯蒂利亚、阿拉贡、纳瓦拉、葡萄牙等基督教小国的成立，此时伊斯兰教徒的国家，只有小小的格拉纳达了。

二、西班牙
- （一）起源——1469年，亚拉冈的国王与卡斯提尔的女王联婚，两国合并，这就是现代西班牙王国的起源。
- （二）领土扩张——后来他们又征服格拉纳达，吞并纳瓦拉，于是这个西欧半岛的全境，除葡萄牙外，全属西班牙了。

三、葡萄牙
- （一）它的版图在十三世纪时已和今日一样。
- （二）同时它又产生了一种国语文学，一个独立政府。
- （三）后来它又靠了地理上的发现，更能在欧洲列强中，崭然露其头角。

四、其余诸国
- （一）日耳曼
- （二）意大利 ｝至十五世纪末年，英、法、西、葡四国都已成为很完备的国家，这两国在政治上仍是四分五裂，统一无人。
- （三）瑞士联邦——产生于日耳曼的领土中。
- （四）土耳其——是个产生于东罗马故土中的亚洲式帝国。
- （五）奥地利
- （六）匈牙利 ｝这两国都是成立于中古末年的。
- （七）瑞典
- （八）挪威
- （九）丹麦 ｝这北欧的三国时合时分，在十五世纪末年还是同治于丹麦国王；至十六世纪中叶，瑞典独立，而挪威则仍属于丹麦。
- （十）俄罗斯——曾为元代蒙古所征服，至十五世纪已经恢复自由，成为一个独立的国家，而其文化仍染着鞑靼的色彩。
- （十一）波兰——本是个欧洲中部的大国，但内有外患，外有强邻，故日后不免受人宰割之大祸。

第三节 新航路的发现

一、促进地理上发现的原因
- （一）远因——欧洲自从文艺复兴以后，古代荒诞不经的地理学说和地图，渐受打击，欧洲人的地理知识，因以常常增加，这是促进地理上大发现的一个远因。
- （二）原动力——十字军的东征，蒙古人的西征，增进欧洲间交通和商务，这是促进大发现的原动力。
- （三）其他的促进
  1. 威尼斯商人马可·波罗于十三世纪末年在元代的中国服官二十余载，回到欧洲后，著《东方游记》一书，盛称东方诸国的繁华富庶，给欧人一个很深的刺激。
  2. 东罗马灭亡后，土耳其人占据欧、亚间交界的地方，阻碍东西的交通，以致东方货物的来源为之中断，于是欧人不能不在地中海以外寻觅新路，以达东方。
  3. 中国的指南针此时早已传入欧洲，亦大有助于地理上的大发现。

二、新航路的发现
- （一）发现者
  1. 十四世纪中叶，葡萄牙的商船已发现非洲西岸的岛屿，嗣后益南下，欲绕非洲的南端，回航至印度。
  2. 1486年，葡人迪亚士初达非洲南端的好望角。
  3. 1498年，葡人达·伽马初绕非洲而达印度的西岸，从此欧洲交通的新航路遂通。
- （二）发现的结果
  1. 葡萄牙首都里斯本成为航路和通商的要港，地中海沿岸的商埠，遂一蹶不振。
  2. 欧洲的商业中心，从此由地中海移入大西洋了。

第四节　美洲的发现

一、哥伦布发现新大陆
- （一）行业和理想
  - 意人哥伦布是个航海家。
  - 他深信地为球形，以为欲东达印度不如西航为便。
- （二）发现的时期和地方
  - 1492年，他得到西班牙王家的赞助，便同水手，乘着三只帆船，直向大西洋的西方航去，经过许多艰苦，竟发现了萨尔瓦多岛，后又发现了古巴岛。
- （三）他的错误
  - 他把萨尔瓦多岛误认为印度，以古巴岛为亚洲的大陆，他前后到新大陆凡四次，但他至死还以为他所发现的是亚洲的地方，因此后人称他所发现的群岛为西印度群岛。
- （四）亚美利加洲名称的由来
  - 1499年，意人亚美利哥曾到南美巴西一次，回欧后，发表一篇游记，欧人以为他是发现这个新世界的人，因此便把这个新世界叫作亚美利加洲。

二、麦哲伦绕行地球一周
- （一）经过
  1. 1519年，葡人麦哲伦由西班牙西行，绕过南美的麦哲伦海峡，发现了太平洋。
  2. 继续东航而达菲律宾群岛。
  3. 1521年在岛中和土人战争而死，但他的船舶和同伴终于1522年完成了环绕地球的壮志，回到西班牙。
- （二）证明
  1. 证明地球为圆形。
  2. 证明新大陆并非亚洲。

世界大通的局面乃从此发轫。

第十二章　宗教革命和宗教战争

第一节　宗教革命的原因

一、宗教革命的意义
- （一）宗教革命是十六世纪欧洲史上最重要的事实。
- （二）它的原因很复杂，影响很远。
- （三）它的意义非宗教所能范围，这个宗教革命不啻是全欧洲风俗习惯上一个普遍的大革命。

二、宗教革命的原因
- （一）宗教观念的复活
  1. 欧洲人自十字军东征后，对于宗教的观念，已渐冷淡；后来又受文艺复兴的影响，出世的人生观已转变为入世的人生观了。
  2. 但日久弊生，如奢侈、享乐等，都足以供给宗教观念一个复活的机会，而这个复活的情感中，含有革命的精神。

二、宗教革命的原因
- （二）教会的腐败
  1. 教士往往夤缘奔走，贿赂公行，无异乎寻常的政客。
  2. 教皇的人格，大半堕落，教会的威信，早已大不如前。
  3. 教皇滥发赎罪券，借端敛钱，更足以引起人民的怨恨。
- （三）知识的解放
  1. 自文艺复兴以后，批评和求真理的精神，逐渐侵入欧洲的思想界。
  2. 此时的学者，都在《圣经》上下功夫，不信教皇足以代表神意。
- （四）教会的特权太重
  1. 中古基督教会握有许多政治上的大权。
  2. 拥有极大的地盘。
  3. 因以为各级人士所不满，所以宗教革命的旗帜一出，上至国王、诸侯，下至武士、农夫，莫不欣然心许，乐观厥成的。

第二节 马丁·路德的革命

一、马丁路德的革命
- （一）群众运动的领袖：宗教革命实是十六世纪欧洲的一个群众大运动，马丁·路德不过是这个群众运动的领袖和群众心理的代表罢了。
- （二）对于基督教的研究和觉悟：
  - 他本是个修道士，后来任萨克森侯国维滕堡大学的神学教授。
  - 他对于基督教教义，有彻底的研究和觉悟。
- （三）发表《九十五条论纲》：
  - 那时教皇在日耳曼境内发售赎罪券，迹近敛钱，路德乃于1517年本着自己的见解和胆量，发表《九十五条论纲》，预备给一般学子教士作一个讨论的根据。
  - 后又著许多小册子，公然攻击教会的腐败。
- （四）焚毁教皇的命令：教皇对他对教会不利的举动，大发其怒，立即将他逐出教会。路德并不惊慌，反于1520年在群众面前，把教皇的命令焚毁了。
- （五）坚持主张：1521年，神圣罗马皇帝查理五世在沃尔姆斯地方召集大会，令路德赴会，路德虽如命前往，但始终不愿取消其主张，皇帝亦无可如何。
- （六）翻译《圣经》：他后来回到萨克森，将希腊原文的《圣经》，译成日耳曼的方言，这件事不但在宗教方面有绝大的影响，就是在德国文学上也开一新纪元。

二、宗教革命的社会化
- （一）紊乱
  - 路德的宗教革命，同时为一般骑士和农民所误解，一变而为社会的革命。
  - 他们群起反抗广有土地及剥削农民利益的主教和地主，要求废止佃奴，减轻租税。
  - 他们不守规矩，任意焚毁教堂和城堡，任意杀戮教士和贵族，到处暴动。
- （二）结果
  - 路德见此暴动，不禁大怒，遂主张以武力平定这个叛乱。
  - 结果诸侯胜利，叛徒都遭惨杀，此后农民的痛苦，反更甚于前。
- （三）政治方面的影响——新、旧教同盟
  - 日耳曼信奉旧教的诸侯，联合起来成为一个"旧教同盟"。
  - 同时赞成路德教义的诸侯，结了一个"新教同盟"，以与"旧教同盟"对垒。

第三节　新教的宏布

一、法国的宗教革命
- （一）领袖——法国加尔文继路德而起，从事宗教革命。
- （二）运动中心——以瑞士的日内瓦为运动的中心。
- （三）派别——他所创的教，普通称为长老会派，在后来的英、美两国很有势力。

二、瑞士的宗教革命
- （一）领袖——同时又有茨温利起来反对赎罪券，他的议论较路德尤为激烈。
- （二）新旧并行——1524年，瑞士一部分宣布脱离罗马教皇，同时也有主张维持旧教的人，所以瑞士的宗教到现在还是新旧并行的局面。

三、北欧诸国的宗教革命
- （一）君主的借口——此时北欧诸国，封建制度尚存，君令不行，诸侯强大，宗教革命的潮流，流入丹麦、挪威、瑞典后，他们的君主，遂借口改革宗教，以达减削诸侯教士特权的目的。
- （二）新教流行——因君主借口改革宗教，北欧诸国新教的流行甚速。

四、尼德兰的叛乱
- （一）原因——在宗教革命的潮流中，尼德兰本隶属于信奉旧教的西班牙，但他的宗教、民俗和政情都与西班牙不同，后来尼德兰诸地有联合反抗西班牙王腓力二世的举动。
- （二）结果——在1581年，北部七州宣布独立，称为荷兰，公举奥兰治亲王威廉执政（南部诸州此时仍隶属于西班牙，到了十九世纪才独立为比利时）。

五、英国的宗教革命
- （一）英王亨利八世的私意——他对路德的主张本不赞成，只因为他要与王后离婚，教皇不许，他才打起宗教独立的旗帜，与教皇脱离关系，他自己便做英国国教的教主。
- （二）影响——亨利八世的宗教改革，原不彻底；到了女王玛丽时，英国教会仍旧入附于教皇，新教徒大遭惨杀，女王伊丽莎白以模棱两可的态度，来对付新、旧教，直到十七世纪中叶宗教问题和政治问题才联合起来酿成一次大革命。

第四节　宗教革命的反响

宗教革命的反响

（一）耶稣会
1. 创造者——是西班牙的罗耀拉，他是在宗教革命之时最能尽忠于教皇和教会的第一人。
2. 会中人宣传的方法——他们以教育和传道为主要的方法。
3. 效果——罗马旧教靠了他们的宣传和努力，确曾阻止新教的蔓延。他们的传教士西往美洲，东到印度和中国的活动范围很广大。明末中国的天主教徒，就属此派。

（二）教皇和教士的自新——同时教皇和教士鉴于新教势力的激增，为自救起见而痛改前非，在知识和行为方面都能努力向前，所以罗马旧教在世界尚有相当的势力和地位。

第五节 三十年战争

三十年战争
- （一）性质——宗教战争。
- （二）时期——起于1618年，止至1648年。
- （三）原因
  - 远因——新、旧教同盟对垒。
  - 导火线——1618年波西米亚（捷克）对旧教中坚日耳曼皇帝的反叛。
- （四）发生的地点——神圣罗马帝国境内。
- （五）加入的分子
  1. 北欧的挪威、瑞典、丹麦三国打着救护新教的旗帜，南下扩充势力。
  2. 此时的法国，虽是旧教徒黎塞留当权，但他以德、法是世仇，又是个扩充版图的好机会，就向日耳曼皇帝的本国西班牙宣战。
- （六）结果

于1648年缔结《威斯特伐利亚条约》，它的条款，差不多规定了欧洲一百余年的国际情形。它的重要的条件是：

1. 旧教、加尔文派的新教和路德派的新教，均受平等的待遇。
2. 日耳曼各邦的诸侯，完全有自主权。
3. 瑞典和法兰西都得一点日耳曼的土地。
4. 瑞士和荷兰的独立，此时都得到正式的承认。

第三编 近古史

第十三章　十七八世纪欧洲各大国政局的鸟瞰

第一节　近古史的概况

一、近古史的概况
- （一）时期：自 1648 年三十年战争以后所订的《威斯特伐利亚条约》起，至法兰西大革命止（1789 年）。
- （二）欧洲的重要事迹
  1. 欧洲各国在海外殖民地的竞争。
  2. 在欧洲本土列国对于政权及土地的争夺。
- （三）美洲方面——有英国殖民地的独立。
- （四）亚洲方面
  1. 在中国，有大清帝国的强盛。
  2. 日本仍是封建制度盛行，幕府专政，在世界史上，还占不到一个次要的地位。

第二节 英国的民权革命

一、英国的专制
- （一）专制最盛的时代——十六世纪。
- （二）反动
  - 1. 原因
    - （1）英国在十三世纪时已奠定了民权的基础。
    - （2）英国的历史背景，向来富于民主精神，不宜于专制政体的发达。
  - 2. 事实——十七世纪中叶迭起革命。

二、斯图亚特朝
- （一）由来——1603年伊丽莎白女王逝世之后，苏格兰王詹姆士六世入主英国，改称詹姆士一世，即是斯图亚特朝的始祖。
- （二）两岛合并——英格兰与苏格兰开始合并于詹姆斯一世。

三、《权利请愿书》
- （一）国会提出的原因
  1. 斯图亚特朝的君主，因是异邦人，与英国人民之间，无何好感。
  2. 君主只知空言君权神授，事事压迫人民。
  3. 查理一世任意征税贷款，拘捕人民和其他种种不法的行为，国会遂对他提及《权利请愿书》。
- （二）内容
  1. 不得国会的同意，国王不得征收租税或要求贡礼。
  2. 无故不得拘捕或监禁人民。
  3. 军队不得任意占住民房。
  4. 平时不得使用军法。

此请愿书，在英国宪法史上的地位，其重要同于十三世纪的《大宪章》。

四、民党领袖克伦威尔领导的革命
- （一）原因
  - 1. 查理一世对《权利请愿书》当时勉强承认，但仅隔一年，因课税问题，竟把国会解散，此后国会停会十一年。
  - 2. 后因征伐苏格兰，军费无着，不得已再召集国会，国会反宣布查理的罪状，废置了许多不法的租税和法律，于是民党与王党的武力相见，一触即发了。
- （二）结果
  - 1. 民军由国会议员克伦威尔的指挥，而获得最后的胜利。
  - 2. 1649年把业已被捕的查理处以死刑，又宣布英国为共和政治。
- （三）改组国会
  - 1653年，克伦威尔解散了那个完全被少数激烈分子占据的国会，另行召集一个，自己做了英国的保护者。
- （四）克氏对外的武力
  - 1. 平定爱尔兰及苏格兰的叛乱。
  - 2. 从法兰西、西班牙和荷兰的手中获得了商业上及战争上的胜利。
- （五）克氏死后的英国
  - 1. 国内大权落于军人之手。
  - 2. 1660年，王党便拥戴查理二世复辟了，他颇能运用和平政治，与国会相安。

五、光荣革命
- （一）原因——詹姆士二世
  - 1. 蔑视国会。
  - 2. 极端信仰旧教。

  为英国人民所不满，于1688年发起了一次不流血的革命。

- （二）结果
  1. 英国的新教徒去欢迎詹姆士的女婿、荷兰执政威廉三世夫妇入主英国，英王无力抵抗，遁走法国。
  2. 国会为谋民权的巩固起见，通过英国宪法史上第三部重要的《权利法案》，从此英国的君权更受限制，而英国的民权便非常坚固了。

（附）《权利法案》的内容
- （一）英王不得停止或违背国家法律。
- （二）非经国会同意，不得征税及设常备军。
- （三）不得废止陪审官制度。
- （四）人民有请愿权及自由选举议员之权。

第三节　路易十四时代的法国

一、国势和民情
- （一）国势
  - 1. 操纵欧洲的政局——十七世纪上半期，法国由首相黎塞留柄政，对外参加三十年战争，而操纵欧洲的政局。
  - 2. 专制政治基础巩固——黎塞留对内伸张王权，减削贵族和新教的势力，而专制政治的基础益固。

  马萨林继任首相，能继续努力，完成黎塞留的事业；到法王路易十四总揽政权，厉行专制之后，法国国势更加日到天中，一时无双了。

- （二）民情——人民因路易十四的厉行专制，所受的痛苦非常之深，较之中国历朝人民所受的专制痛苦，还要厉害十倍。

二、路易十四
- （一）性质和能力——路易十四（1643—1715年在位）有好大喜功的性质和临机应变的能力，主张君权神授，自命为代天行道的君主，实为欧洲专制君主的模范。
- （二）事迹
  - 1. 对内——他独揽大权，勤劳国事，并任用柯尔贝尔整理财政，奖励工业，澄清政治，保护工商，尤能极力提倡文学和艺术。当时首都巴黎和凡尔赛宫殿的壮丽，无不为欧洲各国之冠。
  - 2. 对外
    - （1）政策——他以恢复法国的"天然疆界"为对外唯一的政策。
    - （2）事实——征伐日耳曼、西班牙、荷兰和西班牙属地尼德兰。
    - （3）结果——得到一部分的领土。

三、西班牙王位继承战争
- （一）原因
  - 1. 西班牙王的遗嘱：1700年西班牙王查理二世去世，没有嗣子，遗嘱以路易十四之孙腓力继承他的王位。
  - 2. 各国的恐惧和妒忌：查理二世虽曾有西、法两国不许合并的声明，但是欧洲各国很是恐惧，而且妒忌，结果酿成大规模的西班牙王位继承战争。
- （二）范围：凡莱茵河、多瑙河、意大利、西班牙及北美殖民地都作过战场，战争的范围较三十年战争尤广。
- （三）加入的分子
  - 一方面是路易十四的法兰西、西班牙。
  - 一方面是英国、荷兰、日耳曼及其他小国。
- （四）结果——在1713年订立《乌得勒支和约》，才告结束。
- （五）西、法两国所受的影响
  - 西班牙因为领土被分，降为二等国。
  - 法兰西的国势因连年用兵，库空如洗，在欧洲国际上的威信，从此日坠一日了。

(附)《乌得勒支和约》的要求条款
- (一) 各国承认腓力为西班牙王,但仍以法、西不得合并为条件。
- (二) 英国得法国北美殖民地之大部及西班牙的直布罗陀。
- (三) 奥国得西班牙的尼德兰及西班牙在意大利的属地。
- (四) 承认勃兰登堡的选帝侯为普鲁士王(为后来普鲁士勃兴立一基础)。
- (五) 萨伏依公国得到西西里岛,进而为撒丁王国(为后来统一意大利的主要势力)。

第四节　俄罗斯勃兴及中俄交涉

一、俄罗斯的起源
- (一) 民族——斯拉夫。
- (二) 始祖——相传是第九世纪时的一个北蛮名叫路列克。
- (三) 独立——十三世纪时为蒙古人所征服,隶属于钦察汗国。到十五世纪时,莫斯科大公伊凡三世见蒙古势力衰微,便独立。
- 第一个皇帝——到伊凡四世国势日益强盛,他自己就做了俄国的皇帝。

二、彼得大帝的两大事业
- （一）欧化俄罗斯
  - 1. 方法
    - （1）他自己到西欧各国去学习，并到一个船厂中去亲自工作。
    - （2）派遣青年学子到西欧各国去留学。
    - （3）聘请许多西欧各国的文学家、美术家、建筑家、航海家、军事家及各种专门人才到俄国去助他改革。
  - 2. 成绩
    - （1）当他从事改革时，虽有一般旧党竭力反对，但敌不过他的专制手段的毒辣，自有良好的成绩。
    - （2）都城由蒙古化的莫斯科移到波罗的海沿岸的圣彼得堡。
    - （3）此外有行政系统的整理，道路市镇的改良，教育及工业上的种种建设。
- （二）觅一出海口
  - 1. 难点：当时阻碍俄国向海边发展的国家不仅一个，而以瑞典为最厉害。
  - 2. 方法：彼得大帝与丹麦、波兰联合，向瑞典作战，初虽失败，而终得最后的胜利。
  - 3. 结果
    - （1）俄国得到瑞典的利沃尼亚、爱沙尼亚。
    - （2）代替瑞典做了北欧的霸主。
    - （3）在波罗的海的东岸上找到一个出海口。

三、俄国的东侵 ｛
- （一）成绩——彼得的眼光，不以西方为限，更从事东侵，西伯利亚的开拓和黑龙江流域的侵略，都是成绩。
（彼得曾想在黑海和里海方面觅得一条通道，虽不成功，但后来与土耳其和波斯的长期冲突，却肇端于此。）
- （二）影响——中俄两国之交涉，由此而起。

四、俄人东侵的始末 ｛
- （一）黄人西侵之局面的改变｛黄人一向西侵，迨蒙古人的势力衰替，俄人兴起，到十六世纪末年，黄人西迁的局面，竟一变而为俄人东渐的形势了。
- （二）东侵的先锋队——是一班好勇斗狠的流氓，就是白种哥萨克人。
- （三）势力的到达｛至十七世纪时，俄国的势力已经到黑龙江一带和太平洋沿岸，沿途虽常受各地黄人的抵抗，但他们东进如故。
- （四）过着障碍更改进路｛到1689年方遇到有力的障碍，就是清初的中国人。俄人为避免和中国冲突起见，故意沿蒙古北境之外而进。
- （五）和中国人订立条约｛当俄人要侵略中国黑龙江时，中国人就以武力抵御。俄人不得已，结果于1689年和中国订立《尼布楚条约》，确定两国境界，从此彼得想在太平洋上得一港口的希望，被中国人消灭。

第五节　普鲁士的勃兴

一、普鲁士的起源
- （一）殖民于普鲁士：十三世纪时，有日耳曼族中的条顿骑士团，在波罗的海南岸征服了斯拉夫族所占领的一块名叫普鲁士的地方，这便是日耳曼民族殖民于此地的起点。
- （二）勃兰登堡选帝侯为普之继承人：十七世纪初年，普鲁士的嗣统中绝，于是勃兰登堡选帝侯因姻戚关系，便做了普鲁士的继承人。
- （三）勃兰登堡选帝侯为普王：1701年，勃兰登堡选帝侯得到日耳曼皇帝的允许，称为普鲁士王，奠都柏林。

二、腓特烈一世
- （一）人才——雄才大略，是普鲁士第一个有名的专制君主。
- （二）内政——主张中央集权。
- （三）外交——主张扩张军备，侵略邻邦。
- （四）事业的大成——有待于他的儿子腓特烈大帝。

三、腓特烈大帝的事业
- （一）内治
  - 1. 振兴工业。
  - 2. 改良法制。
  - 3. 奖励文学。

  使他的人民日趋于富庶安乐之境，使他的国家日趋于强盛之域。

- （二）外交
  - 1. 从奥地利手中得到了西里西亚。
  - 2. 第一次瓜分波兰的土地。
  - 3. 他是奥地利王位继承战争及七年战争的重要人物。

  至他死时，普鲁士的领土已比他即位时增加一倍，普鲁士的势力差不多代替奥地利为日耳曼的主人翁。

四、奥地利王位继承战争
- （一）原因

  于腓特烈大帝即位的那年（1740年），兼日耳曼皇帝的奥王去世，因为无嗣，破例传位于他的女儿玛利亚·特蕾西亚，为他国所反对，而酿成战争。

- （二）加入的分子
  - 1. 普鲁士首先发难，法国、西班牙、巴伐利亚诸国助之，侵入奥国，奥女王走匈牙利。
  - 2. 不久，英国、荷兰联盟，以维持均势之局，援奥抗法。

- （三）结果——奥国因为
  - 1. 玛利亚·特蕾西亚的才能。
  - 2. 奥国人民的爱国忠勇。

  除割西里西亚一地于普鲁士外，其余疆土均得保全。

五、七年战争（1756—1763年）
- （一）原因
  - 1. 奥女王志在复仇——奥女王玛利亚·特蕾西亚欲夺回西里西亚于普鲁士，故为报复的准备，大振内政，培养兵力，奖励工业，以图富强。
  - 2. 努力外交——她诱俄国、萨克森、瑞典组织大同盟。
  - 3. 双方对峙——此时英、法两国为因争殖民地而开始战争，英国为防守在德意志内领地汉诺威之必要上，与普鲁士亲善，故女王同时与旧仇法国同盟，欲协力以分割普鲁士。
  - 4. 腓特烈的先发制人——普鲁士腓特烈大帝探知奥国的阴谋，先发制人，侵入萨克森，于是七年战争已开始了。
- （二）战区——东至印度，西至美洲，无不干戈云扰。
- （三）重要的交战国
  - 1. 对垒者——奥地利和普鲁士。
  - 2. 助奥者——荷兰、法兰西、萨克森诸国。
  - 3. 助普者——英吉利。
- （四）结果与影响
  - 1. 海外方面——英国在北美和印度打败了法国人，成为两地的主人翁，为英国他日雄飞全球立下一个基础。
  - 2. 欧洲方面——普鲁士打倒奥地利在日耳曼的势力，为后来普鲁士统一德意志和雄霸欧洲的先声。

第六节 波兰的分割

一、波兰
- 十世纪，波兰本是个公国。
- 至十一世纪初年，才得着日耳曼皇帝的承认进而为王国。
- 至十七世纪时，波兰的领土很是广大。

二、波兰亡国的原因
- （一）外无可守的天险，内无坚固的政府，所以在俄、普两个强邻兴起之后，国运便渐入险境。
- （二）新、旧教竞争。
- （三）民族庞杂。
- （四）平民与贵族间贫富苦乐悬殊。
- （五）最大的弱点——政治制度的不良
  1. 它的君主不是世袭，而是选举的，且被选的不限定是本国人，所以每当君主改选之时，情形非常骚扰，四国强邻多以武力或金钱暗争选举上之胜利。
  2. 贵族跋扈，君主无权，国会通过议案，必须全体议员同意，倘有一人反对，那个法律便不能实行，结果使波兰的内政等于无政府，如此自然难免遭灭亡之祸。

三、波兰的三次分割
- 分割者——俄、普、奥三国。
- 第一次（1772年）
  - 先俄女皇叶长捷琳娜二世与普国腓特烈大帝商量，要分割波兰的边疆。
  - 奥女王玛利亚·特蕾西亚见俄、普动手，她不甘人后，于是便酿成俄、普、奥三国第一次分割波兰国土的一部分。
- 第二次（1793年）
  - 波兰人遭第一次分割后，愤怒非常，志士科希丘什科揭举义旗以图恢复。
  - 但俄、普两国力事镇压，结果波兰第二次被分割。
- 第三次（1795年）
  - 志士科希丘什科再起义兵，企图恢复，但为俄、普、奥三国联合击败，再遭第三次分割。
  - 结果波兰全亡。然波兰因民族精神不灭，故能于世界大战后，恢复祖国——波兰共和国。

第十四章　欧人的殖民事业与殖民地的竞争

第一节　欧人的亚洲殖民

一、葡萄牙殖民的成功
- （一）建设商埠于印度沿岸——葡萄牙自1498年，达·伽马绕非洲南端，直达印度后，就建设商埠于印度沿岸。
- （二）建立东洋贸易基础——1511年，又占据果阿，为葡萄牙的东洋贸易立了一个基础。
- （三）略取南岛——不久复略取南洋马六甲、苏门答腊及爪哇。
- （四）通商中国——1516年到中国来要求通商。次年明廷允其所请，开辟上川、电白、澳门、泉州、宁波为通商口岸。
- （五）至日本——1543年至日本。
- （六）租借中国的澳门——1557年租借中国的澳门，极力经营，此为中国失地于西人的开始，自此以后，葡萄牙在东洋的势力，便日益扩大了。

二、西班牙的殖民事业
- （一）传教日本——于1549年，曾经东至日本传教。
- （二）占领菲岛——1565年占领菲律宾群岛，开辟马尼拉为首府，与葡萄牙人互争东洋的贸易。
- （三）虐待华侨——1594年他们因菲律宾中国华侨的反抗，大逐华人；1603年时又杀死华侨二万五千之多，这是南洋华侨受虐之开始。

三、荷兰的继起
- （一）以商立国——荷兰本是以商立国，故殖民事业，也很发达。
- （二）组织东印度公司——1602年，它组织了一个东印度公司，直接与东洋贸易，这个公司兼有政治的性质，它有宣战与媾和的全权，在他们背后又有从祖国出洋的舰队。
- （三）做南岛的主人翁——到了十七世纪时，荷兰便已代替葡萄牙做了南洋群岛的主人翁。
- （四）占据台湾——同时（1624—1662年），荷兰占据了台湾。

四、英吉利的东方发展
- （一）组织东印度公司——英吉利于1600年也组织一个经济兼政治性质的东印度公司，从事东洋贸易。
- （二）在印度的发展
  - 1639年，开辟印度的马德拉斯（即金奈）港。
  - 1661年，夺孟买于葡萄牙人之手。
  - 1698年，建加尔各答于恒河口，为后来英领印度政治的中心。
- （三）通商中国——1637年时，英国舰队到中国广东的珠江口外，虎门炮台发炮拒之，英人发炮还击，虎门陷落，于是中国始允许英国在广东通商。

五、法兰西的东方发展
- （一）组织东印度公司——法兰西也于1604年组织一个东印度公司，从事东洋贸易。
- （二）与英人冲突
  - 1672年，得金德讷格尔一地。
  - 越二年，又得本地治里为根据地，遂与英人发生殖民地利益的冲突。

第二节　欧人的美洲殖民

一、葡人殖民美洲——占领南美洲的巴西。

二、西班牙在美洲的殖民
- （一）领域广大
  - 除巴西外，尽有南美及中美的全部。
  - 又占领北美的墨西哥、加利福尼亚、佛罗里达等处。
  - } 大于本国二十倍。
- （二）虐待土人黑奴及其影响
  - 他们对待土人和黑奴，惨酷异常；只知剥削殖民地人民的利益，不顾他们的幸福。
  - 所以在十九世纪，各地一有机会，就纷纷独立，从此西班牙就降为三四等国家了。

三、法国的殖民于北美
- （一）君主和政府的力量
  - 法之殖民于北美，纯是君主和政府的力量，人民漠不关心。
  - 法王弗郎索瓦一世是第一个以政治眼光来观察殖民事业的人，他曾遣人去测量北美的东岸，以自己的名义去占据了。
- （二）殖民事业被阻多年——法王弗郎索瓦一世死后（1547年），法国内乱了数十年，殖民事业也就无形地被阻了。
- （三）与英吉利对垒——直到法王路易十四，法国的王家方重振旗鼓，前往占领密西西比河，以建设路易斯安那殖民地，同英国在北美洲对垒起来。

四、英国的殖民于新大陆
- （一）开始的时期——英国插足于新大陆，始于十五世纪的末年。
- （二）殖民的目的——它殖民的动机，虽在于谋利，而其最大的目的却为求自由；宗教自由，尤是他们的目的物。
- （三）殖民的地方
  1. 伊丽莎白女王时，由雷利开拓弗吉尼亚殖民地。
  2. 詹姆士一世厉行国教之结果，清教徒为求信教之自由而移住于北美，以开新英格兰。
  3. 嗣后夺新尼德兰于荷兰，牙买加岛于西班牙，遂于十八世纪之初，造成十三州之殖民地。

第三节　英、法殖民事业的竞争

一、殖民事业的竞争
- （一）正式竞争的开始——始于十五世纪末年葡萄牙和西班牙的中分地球。
- （二）大规模竞争的开始——后来荷兰兴起，竟打倒葡萄牙而为南洋群岛的主人翁。这三国的竞争，是殖民事业大规模竞争的开始。
- （三）最激烈与最重要的竞争
  - 到了十七、十八两世纪，英、法继起，两国对殖民地的竞争，最剧烈、最重要。
  - 竞争的地点，一在西方的北美洲，一在东方的印度。

二、英、法殖民竞争的开始
- （一）英法两国的感情素来不睦。
- （二）到十七世纪中时，法国产生了一个雄才大略、好大喜功的君主路易十四，法国王权已达极点，国威足震全欧。
- （三）此时英国忽发生两次革命，结果把前荷兰的威廉请来做国王，而荷兰本是法国的仇敌，于是英、法的国交，愈趋险恶了。

有此种种原因，到十七世纪末，英、法两国之长期的殖民地战争，就不得不开始了。

三、英、法两国殖民地竞争
- （一）在印度方面
  1. 竞争的结果（英国胜利）——十八世纪时，英国东印度公司出了一位知兵善战的青年领袖，叫作克莱武，打败法国的老将杜布雷而为印度的主人翁。
  2. 影响——从此英国统治印度的基础日固一日，至十九世纪竟将这个文明古国的印度灭亡了。
- （二）在北美方面
  1. 两国本来的殖民地——英国的殖民地多在大西洋沿岸的新英伦，占地少而人口多。
  法国的殖民地多在加拿大东部及密西西比河流域一带，占地多而人口少。
  2. 竞争的结果（英国胜利）——英国的海军势力远胜于法，经数十年战争的结果，法国大败，英国在法国和西班牙的手中得到加拿大、诺法斯科细亚、密西西比河的东岸及佛罗里达各地，而为北美的主人翁。
  3. 影响——英国与在印度的胜利为他日雄飞全球，立了基础。

第四节 北美洲英国殖民地的独立

一、北美洲英国殖民地独立的原因
- （一）远因：它们的十三州都是英国的领土，归英国管理。英国专制，压迫北美洲的英国人民，比压迫本国人民还要厉害得多，例如：
  1. 航业法律的规定：凡外货必经由英国商船，方得输入英国及北美洲殖民地，否则即算违法。
  2. 贸易法律的规定：凡北美洲殖民地的产物，只准运到英国去销售。
  3. 北美洲的铁矿虽甚丰富，可是禁止殖民地建设炼钢厂。
- （二）近因：
  1765年，英国国会又通过印花税案，强迫北美洲殖民地实行，经殖民地人民竭力反对，英政府不得已而取消，仅留一种茶税。
  但是此时殖民地人民以为英政府待他们太刻薄，不仅想打倒苛税就了，还要想争得自由平等，成为一个独立国家。

二、北美合众国的成立
- 1775年，殖民地人民打响了反抗的枪声，揭开了独立战争的序幕。
- 1766年7月4日，北美殖民地宣布独立，称为北美合众国。
- 举华盛顿为军统，与英国宣战，血战八年，至1783年才得成功。

三、北美合众国独立以后
- （一）制定宪法——北美合众国独立以后，十三州的人民，便觉得有规定联邦宪法的必要。1787年，在费城开大陆会议，制定宪法。
- （二）中央政府采行三权分立制
  1. 立法权——设国会，分上、下两院，有议定一切法律之权。
  2. 司法权——以高等法院为最高机关，遇各种法律与宪法抵触时，或国会与议会冲突时，有裁判权。
  3. 行政权——设四年一任之大总统一人，有任免文武官及兵政之大权。
- （三）各州得自定州宪，设政府，组织州议会，以执行州内事务。
- （四）规定信教自由，人类平等的原理。
- （五）1789年开第一次国会，举华盛顿为总统，并定华盛顿为首都。

当美国独立时，不过仅有大西洋沿岸十三州，后来它的疆域，逐渐扩张，到1853年，便成为界于大西洋和太平洋之间一个强大的国家了。

第十五章　近年欧洲的旧制度之文艺

第一节　佃奴制度与行会制度

一、近古的旧制度
- （一）普遍——近古的旧制度，是普遍于欧洲各国的，不过它的程度与势力不是到处一样罢了。
- （二）最值得注意的几种——佃奴制度、行会制度、贵族、基督教会等。

二、十八世纪以前欧洲的佃奴制度
- （一）十八世纪初年，欧洲乡农的状况，与十一世纪时的差不多。
- （二）乡农状况中的佃奴制度，是古代留下来的遗产。
- （三）十二世纪以来，此种制度虽日渐消灭，而时间迟早，各国不同。
- （四）法国在十四世纪后，已渐将此制废除了。
- （五）英国的废除，迟于法国百余年。
- （六）其他普、奥、波、俄、意、西诸国，到十八世纪，佃奴的状况依然与古代无异。

三、十八世纪时法国的佃奴状况
- 法国虽在十四世纪以后，已渐废除佃奴制度，可是到十八世纪，地主对佃奴仍可强迫他们：
  - （一）必须租地主的磨臼来舂麦。
  - （二）必须租地主的火炉来烘面包。
  - （三）必须租地主的木榨来压葡萄酒。
  - （四）佃奴每年除纳田地中收成的大半给地主以外，还要给地主纳过桥税、渡河税。

四、十八世纪时欧洲各国的佃奴状况
- 佃奴的身体都不自由。
- 他们的居室大致都是狭小而黑暗的茅舍。
- 他们所养的牛、羊、豕、犬之类，与人们同住。
- 地主对于他们，可以任意鞭笞。
- 他们对于地主，有绝对服从的义务。

故他们地位的卑下和困苦，实无异乎牛马。

五、十八世纪时欧洲各国的城市状况
- （一）街衢——狭小而弯曲，入夜即昏暗异常。
- （二）街面——凹凸不平，秽气薰蒸，每逢大雨，则满街积水，泥泞难行。
- （三）秩序——无警察维持，秩序紊乱，盗贼横行，无法制止。
- （四）名城
  1. 伦敦——1760年，英国的伦敦有五十万人口，交通工具仅有百辆马车和肩舆。
  2. 维也纳——人口廿万，清道夫不到百人，而是当时欧洲最清洁的城市。
  3. 米兰、罗马等——意大利的各名城，虽有美丽的共同建筑，但街道一样的狭陋、污秽。

六、十八世纪时欧洲的行会制度
- （一）组织和政府
  1. 行会会员以店主、工头为限，而工人和学徒都没有参加或顾问的权利。
  2. 会员的职业，大都是规模狭小，资本薄弱者。
  3. 行会中议决案的实行，多类政府的力量。
- （二）目的——限制他业中人不得制造本业的物品，例如制面包的不得制糕，缝破衣的不得制新衣。各种工艺，只准守旧，不得巧制新物，否则必须受罚。
- （三）影响——妨碍工商业的改良与进步。

第二节 贵族与基督教会

一、十八世纪时欧洲的贵族
- （一）不如中古时代诸侯的跋扈，权势的雄大，但仍享受各种特权，和上级教士为社会中的特权阶级。
- （二）他们可以不纳税，坐享膏腴，可以做官，任意剥削人民。

二、各国的贵族
- （一）法国的
  - 多喜居于王宫之内，以能侍奉君主之起居为最荣幸。
  - 多不屑于从事工商业。
  - 不纳租税，不当兵，可任官吏。
- （二）德国的
  - 地位——与中古封建的诸侯大致相同。
  - 数目——以百计。
  - 特权——可以自由征税，铸钱，扩充军队，因以土地虽小而负固如昔。
- （三）英国的
  - 除充当贵族院的议员外，其余均与平民无异。
  - 爵位虽系世袭，而仅能传给其嫡长子，因以贵族的数目有限。
    - 原因——封建制度消灭较早，英国的民权，受着法律的保障。
    - 影响——平民对于贵族，不像法国人民对于贵族痛恨的厉害。

三、十八世纪时欧洲的教会
- （一）一般的情形
  - 1. 内部虽自中古以来，历经变迁，内外表仪式隆重，资财雄厚，势力宏大，信仰专制，无异昔日。
  - 2. 教士与贵族一样地享受特权。
- （二）教会的专横
  - 1. 罗马教皇设立一个审查书籍的委员会，严查出版物，借以防止人民攻击教会的言论。
  - 2. 1757年，得法王之助，宣布凡著述、印刷或售卖攻击宗教之书籍者，则处以死刑。
  - 3. 西班牙更厉害，一面有书籍的检查，一面有异端裁判所的设立，故西班牙之宗教，直至十八世纪末年，方渐改革。

第三节　近古欧洲的文艺

一、英国的文艺和科学（近古欧洲文艺的最盛者）
- （一）戏剧——编剧家莎士比亚有千秋不朽的价值。〕伊丽莎白女王时代的英国，充满着意大利文艺复兴的精神。
- （二）文学
  - 诗人有弥尔顿。
  - 小说家有笛福。
  - 译成英文《圣经》，它的文学价值，至今不灭。

  〕是斯图亚特朝对于文学的贡献。
- （三）科学
  - 哲学家弗朗西斯·培根发明归纳法，是论理学及科学上的大贡献。
  - 亚当·斯密斯著《国富论》（，力主产业上之自由竞争，称为经济学之祖）。
  - 吉本、休谟等研究史学，史学因以得一段之进步。

二、法国的文艺（近古欧洲文艺的次盛者）
- （一）全盛时期——路易十三和路易十四时代，是法国文学及戏剧的全盛时期。
- （二）文学及戏剧的领袖——莫里哀、高乃依和拉辛。
- （三）文学家及哲学家
  1. 孟德斯鸠——曾著《论法的精神》，主张立法、行政、司法三权分立。
  2. 卢梭——"归回自然"是他之学说的中心，著有《契约论》，主张人类自由平等。
  3. 伏尔泰——主张信仰自由，并极力攻击教会，影响最大。
  4. 狄德罗 著有《百科全书》。攻击旧制度最激烈，他不但反对教会，而且反对上帝和宗教；不但反对腐败的政府，而且反对一切的政府。

（以上1-4）是促成法兰西大革命的大思想家。

三、日耳曼的文艺
（近古欧洲文艺
的又次盛者）
{
莱辛。
歌德。 } 都是这时期中文学界的明星。
席勒。
莫扎特。
贝多芬。 } 是著名音乐家，贝氏之《月光曲》有名于全世界。

第四编　近世史

第十六章　法兰西革命与拿破仑

第一节　法国革命爆发的原因

一、法国革命之意义 { 1789年的法国革命，一如意大利之文艺复兴、日耳曼之宗教改革，是不以法国为限的。它的性质是偏重于政治的，是对于旧制度的一个大反抗。

二、法国旧制度形成的一个概况（革命的远因）
- （一）政治方面
  - 有漫无限制的君权，以"朕即国家""君权神授"的观念，来滥肆淫威。
  - 国王和他的大臣，可以一纸密诏，随意拘捕和监禁任何无罪的人民。
- （二）财政方面——因路易十四的连年战争和路易十五的穷奢极欲，国内已造成了一个空虚的府库和紊乱的金融。
- （三）社会方面——一切情形，都是不自由不平等的（见后表）。

（附）旧制度下的法国社会

法国人民
- 特权阶级（不纳租税，不当兵，可任官吏）
  - 第一级——贵族。
  - 第二级
    - 上级教士。
    - 下级教士。

  ⎱ 二十五万人——保护旧制度者。

- 非特权阶级（纳税，当兵，为农、工、商，如苦工）
  - 第三级——中等社会。
  - 贫民
    - 农民。
    - 苦工。
    - 及其他。

  ⎱ 两千五百万人——反对旧制度而热心革命者。

三、引导革命及领导革命者
- （一）引导革命者——是孟德斯鸠、卢梭、伏尔泰、狄德罗等大思想家，他们凭着坚强的学理，及优美的文学，去攻击那个不平等、不自由的旧制度。
- （二）领袖革命者——是中等阶级，他们虽无特权，而尚有脑力和财力，至贫民中的农人同工人穷苦而无实力，因此领袖革命的事业，便落在中等阶级的身上了。

四、整理财政的无效（革命的近因）
- （一）整理的原因和实行
  1. 1774年，路易十六即位，他及大臣眼见国内财政紊乱，民生凋敝，社会上要求改革的声浪高涨，便慨然有改革之志愿。
  2. 他先后命经济大家杜尔哥、内克尔整理财政。
- （二）失败的原因和影响
  1. 杜尔哥和内克尔虽由路易十六任命改革财政，而大受特权阶级的反对，因以失败。
  2. 结果不但无功，反而促成革命的实现。

第二节　法国革命的开端

一、三级会议的召集与国民会议的组织（革命的近因）
- （一）三级会议召集的时地和其代表
  1. 时期——1789年，路易十六下令召集。
  2. 地点——凡尔赛。
  3. 代表——贵族、教士和平民三种。
- （二）三级会议的失败和国民议会的产生
  1. 三级会议的代表意见分歧，因以失败。
  2. 争执的结果，便是第三级代表离开大会，自由组织一个国民议会。
- （三）国民议会的宣言和胜利
  1. 他们宣言：他们非待法国的宪法制定后，则永不分散。
  2. 路易十六不得已，便下令叫贵族和教士加入国民议会，这可说是平民第一次得到胜利。

二、巴士底狱的打破（革命爆发）
- （一）原因——当国民议会正想以宪法救国的时候，懦弱的路易忽又听了王后的说话，把内克尔免职，又欲以武力解散国民议会，于是巴黎民众始而惊惧，继而暴动，在7月14日，竟把可以代表法国专制政体的巴士底狱打破了。
- （二）结果——流血，法国大革命从此便爆发了。

三、国民议会的成绩

国民议会所遇到的困难不少，而成绩颇有可观。
- （一）时贵族和教士历来所享的种种特权，一概废除，其中最重要的是佃奴制度及各种私税的废止。
- （二）发表《人权宣言》，主张人类一律平等自由。
- （三）在1791年的9月，制定一个破天荒的宪法，它的重要条件，是君主立宪，立法权属于一院制的"立法议会"。

四、路易和贵族的行动及路易的被杀
- （一）法国开始革命后，即有许多贵族纷纷出国，想以自己的武力和外国的援助，去恢复已失的特权及已废止的旧制度。
- （二）路易十六由一群暴民拥到巴黎，忽于1791年6月与王后乔装平民逃出巴黎，不料半途被察觉而捉回，于1793年1月上断头台而死。

五、列国君主的态度
- （一）初见法国改专制为立宪，惊慌失措。
- （二）继闻法王临逃被执，震惊更甚。
- （三）在法王未死之前，他们已由反革命的态度，转为武力的干涉，于是法国之革命事件，便成为国际问题。

第三节　法国第一共和国的成立

一、立法议会
- （一）成立时期——1791年10月1日。
- （二）议员——大都是勇气有余而经验不足的青年。
- （三）困难
  - 外——复与普奥联军战争。
  - 内——三党（君主立宪党、温和共和党、激烈共和党）自相残杀。
- （四）激烈党
  - 三党相争之结果，激烈党独揽大权。
  - 丹东、马拉、罗伯斯庇尔是此时的中心人物。

二、国民公会
- （一）成立时期——1792年9月21日立法议会解散，激烈党人另组国民公会。
- （二）改变政体——废王制而为共和政体，法国第一次共和成立。

三、恐怖时代
- （一）第一次列国同盟（促成恐怖时代之外力）——国民公会于1793年1月杀路易十六于断头台，各国闻悉，震惊异常，于是英、奥、荷、西等国组织大同盟，侵入法境。
- （二）激烈党之政策

  于是激烈党以暴力压迫温和党，总揽大权，行极严厉之政策（后人称之为恐怖时代）：
  1. 设立革命裁判所，凡反对新政府的，一概虐杀。
  2. 组织公安委员会，以丹东、马拉、罗伯斯庇尔等为委员，专理一切政事。
  3. 废基督教。
- （三）恐怖时代之结束——激烈党之严厉政策，使人心汹汹，结果该党领袖丹东、马拉、罗伯斯庇尔三人先后被杀，于是国会废止革命裁判所和公安委员会，恐怖时代乃告结束。

四、国民公会的成绩
- （一）废法国的王制为共和制。
- （二）对列国联军的战争，获得胜利。
- （三）杀尽反革命。
- （四）改良教育。
- （五）改建行省制度。
- （六）编纂法典。
- （七）统一法制及量数制。
- （八）制定新宪法——规定
  - 立法院——两院制。
  - 行政部：由立法院举出五人组织督政府，执行行政大权。

恐怖时代后之成绩。

五、督政府
- （一）成立时期——1795年10月。
- （二）失败
  - 1. 原因
    - （1）外——战争的范围不缩小。
    - （2）内——财政紊乱和国库穷困，日趋绝境。
    - （3）督政政府不但束手无策，而更卖官鬻爵，贪得无厌。
  - 2. 结果——督政府不久为拿破仑所废止。

第四节　拿破仑的事业

一、拿破仑的事业
- 第一次反法同盟
  - 1. 时间：1793—1797年
  - 2. 对手：英、奥、荷、普、西、撒、那。
  - 3. 结果：第一次反法同盟瓦解。
- 第二次反法同盟
  - 1. 时间：1798—1801年
  - 2. 对手：俄、奥
  - 3. 结果：法奥签订《吕内维尔和约》，法英签订《亚眠条约》，第二次反法同盟瓦解。
- 第三次反法同盟
  - 1. 时间：1805年
  - 2. 对手：英、俄、奥、普、丹、瑞、土
  - 3. 结果：法俄奥签订《普莱斯堡和约》，神圣罗马帝国终结，第三次反法同盟瓦解。
- 第四次反法同盟
  - 1. 时间：1806年
  - 2. 对手：英、俄、瑞、普
  - 3. 结果：法俄普签订《提尔西特和约》，三国结盟，第四次反法同盟瓦解。

一、拿破仑的事业 —— 第五次反法同盟
- 1. 时间：1809 年
- 2. 对手：英、奥
- 3. 结果：法奥签订《维也纳和约》，维也纳被占领，第五次反法同盟瓦解。

二、法国革命战争的结果
- 第一、形存神亡的神圣罗马帝国根本废除。
- 第二、日耳曼小邦的数目，或并吞或被征服，骤然减少，为后来统一事业的伏根。
- 第三、拿破仑得着人民的爱戴，由执政而终身执政（1802 年），而大皇帝（1804 年），使法兰西成为一个强大的帝国。
- 第四、法国革命的精神（自由、平等、博爱和民族观念），随着他的武力，传遍了欧洲各国。

第五节　拿破仑的失败

拿破仑的失败
- （一）原因
  - 1. 民众离心——他为帝后，专制日甚，渐为人民所憎恶，他欲以努力武功维持威信和地位。
  - 2. 外敌得势——他发布大陆政策以制大敌英国，而受大陆政策之害的不仅英国，因以敌人加多，而法国自己实际上亦受大陆政策之害。
  - 3. 违背民族精神——任意以欧洲各国封给他的弟兄与戚友，忽略民族精神，违背当时各国民众的心理，一经觉悟，就先后起来反抗了。
- （二）征俄大败
  - 1812 年，拿破仑远征俄国，在冰天雪地中大败逃归。
  - 第二年又为俄奥的联军战败于利比时。
- （三）放逐
  - 1814 年各国联军，直入巴黎，拥路易十八为法王。
  - 把拿破仑放于地中海的厄尔巴岛上。
- （四）滑铁卢之败与放逐
  - 被放逐后不到一年，拿破仑又逃回巴黎，收集残部，重与英普联军互战于滑铁卢。
  - 结果法军大败，他被放逐于大西洋南部圣赫勒拿岛上，幽居了六年，终因胃病而死了（1821 年）。

第十七章　反动政治与民族运动

第一节　维也纳会议

一、维也纳会议
- （一）时期——自 1814 年 9 月至 1815 年 6 月。
- （二）地点——奥地利首都维也纳。
- （三）目的——讨论法国革命战事后的问题，最重要的目的是在于恢复法国革命以前欧洲的原状。
- （四）把持的四强——英、俄、普、奥。
- （五）议决——一百二十一条的《维也纳条约》。

二、《维也纳条约》的要点
- （一）英国得到马耳他岛、锡兰岛和好望角等要地（因以成为海外殖民的霸主）。
- （二）俄国得华沙大公国，把它和俄领波兰合成波兰王国，由俄帝自兼为波兰王。
- （三）普鲁士得到萨克森北部及莱茵河左岸地。
- （四）奥地利失去尼德兰，而得到意大利的北部（成为后来意之统一的障碍）。
- （五）瑞士成为永久中立国。
- （六）荷兰得到奥属的尼德兰（为后来比利时独立的张本）。
- （七）瑞典和挪威合并为一（直到1905年方再分开）。
- （八）德意志以三十五个君主国和四个自由市，组织德意志联邦。
- （九）法国因外交措置得宜，王室复辟，革命前的国土，仍得保全。

三、维也纳会议的真实目的及影响
- （一）真实目的——这个国际会议，不过是英、俄、普、奥四个强国宰割欧洲的一个分赃会议，其真实的目的是在于按着自己的利益去把拿破仑所建的帝国重新分派一下罢了，完全对当时正在勃兴的民族主义置之不理。
- （二）影响——宰割的影响，是使十九世纪以来的欧洲史，成为一部帝国主义和民族主义的斗争史。

第二节　神圣同盟及其影响

一、神圣同盟
- （一）发起组织由来——法国革命大战争后，欧洲各国疲惫，正在需求和平之际，俄帝亚历山大一世于1815年发起组织神圣同盟。
- （二）加入的分子——首先加入者为普、奥两国君主。除英国与土耳其外，大概加入。
- （三）表面的宗旨——主张以基督教的福音，来维持欧洲的和平。
- （四）真实的目的——专以压迫自由思想及革命运动为目的。
- （五）首领——奥国宰相梅特涅是这个反动机关的首领。

二、梅特涅的专制及其失败之原因
- 梅特涅靠了列强的协助，能实行他的专制。
- 失败的原因
  1. 违反民众要求自由的潮流。
  2. 忽略民族精神的发达。
  3. 不能预知工业革命的趋势。

三、民族运动的爆发
- （一）因——梅特涅的时代，为欧洲新、旧势力冲突的时代。在此时代的初年，虽旧势力暂占优势，而新势力正在逐渐伸张，终于无法压制。
- （二）例证
  - 1817年，塞尔维亚的独立。
  - 1820年，西班牙和葡萄牙革命。
  - 1821年，希腊人对土耳其革命。

四、中南美诸国的独立
- （一）原因
  1. 梅特涅专制的势力未能达到新大陆，因以美洲各地受欧洲自由平等之潮流之影响。
  2. 葡萄牙与西班牙两国殖民政策失败。
- （二）独立共和国
  - 南美
    - 阿根廷。
    - 巴拉圭。
    - 乌拉圭。
    - 智利。
    - 哥伦比亚。
    - 委内瑞拉。
    - 厄瓜多尔。
    - 秘鲁。
    - 玻利维亚。
    - 巴西。
  - 中美
    - 中亚美利加共和国。
    - 墨西哥。

五、门罗主义
- （一）意义——北美合众国不干涉欧洲诸国的事务，欧洲诸国亦不得干涉美洲内部的问题。
- （二）创造者和时期——美国大总统门罗于1823年创此主义。
- （三）由来
  - 奥国首相梅特涅见中南美洲各处起独立运动，非常妒恨。
  - 他急欲联合诸国出兵干涉，美国不许其染指，乃发表门罗主义。
- （四）效果——梅特涅的反动政策，受此打击后，完全失败，神圣同盟的势力亦就此瓦解了。

第三节 1830 年的革命与 1848 年的革命

一、法国七月革命（1830 年）

（一）原因——查理十世（1824 年继路易十八而立）本是个极端的保王党之领袖，即位后，法国政府的专制和反动行为，便日益增加，于是人民起来反抗，这便是 1830 年的 7 月革命。

（二）结果
- 查理十世被逐。
- 路易·菲利普（是表面同情革命的）被举为法王。

（三）影响

法国七月革命的消息一传出，各被专制主义压迫的国民，均开始革命运动，主要的有：

1. 比利时的对荷兰宣布独立（是最先受七月革命之潮流的影响者）。
2. 波兰的独立运动。
3. 德意志之自由运动。
4. 意大利之独立运动。
5. 瑞士之内乱。

二、比利时之独立
- （一）原因
  1. 比利时由维也纳会议强合于荷兰。
  2. 比利时和荷兰的种族、言语、宗教迥不相同。
  3. 他们又屡受荷兰人不平等的待遇。

  因以比利时人早对荷兰不满意，一受七月革命潮流的激荡，便暴动而宣布独立。

- （二）结果　后来得着各国的承认，成为一个永久中立的君主立宪国，梅特涅的专制势力，到此又受一个打击。

三、法国二月革命（1848年）

(一) 原因
1. 法王路易·菲利普由自由思想主义而忽抱保守主义，束缚言论、出版之自由，收买议员以操纵议会，于是大失民心。
2. 外交失败，国威减低。
3. 当时社会主义学说已行，打动民心。

(二) 性质和目的
二月革命是劳工运动第一次在法国的一个表示。
他们革命的目的是推翻那个代表中等社会的路易政府。

(三) 反对路易·菲利普政府者
正统党。
社会党。
共和党。
劳动分子。

(四) 结果
1. 路易·菲利普弃位逃走。
2. 共和党与社会党组织临时政府，建立法兰西第二共和国。
3. 扩张选举权。
4. 召集国民议会，重制新宪法。
5. 拿破仑一世之侄路易·拿破仑为大总统。

三、法国二月革命　——（五）影响
（1848年）

1. 匈牙利和意大利对奥革命。
2. 维也纳起暴动，赶走极端反对革命的梅特涅。
3. 在日耳曼各邦中，发生革命运动（这个热烈的革命运动，可惜不久又被压迫于专制兵力之下了）。

第四节　拿破仑三世的事业

一、路易·拿破仑破坏第二次共和

他为总统，即有意破坏共和，做个皇帝。
（一）不久他利用金钱和欺压的手段，使人民先把他的总统任期由四年改为十年。
（二）1852年正式选为法国皇帝，称为拿破仑三世。法国的第二次共和竟被他一手破坏了。

二、拿破仑三世的内政——他称帝后，虽极专制，但亦做出了不少通商惠工、修城、筑路等建设事业。1855年举行巴黎博览会，便是法国国势隆盛和百业进步的一个表现。

三、拿破仑三世与克里米亚战争（1854年）

- （一）原因
  1. 土耳其的罗马教徒与希腊教徒之间，发生基督教圣地管理权的争执。
  2. 拿破仑三世自知得位不正，想建功国外，以冀长得民心，劝土耳其基督教圣地的管理权给旧教徒。
  3. 俄国屡欲寻觅机会侵略土耳其，认此时为好机会，强要土耳其领土内之希腊正教徒的保护权，为土所严拒，乃酿成克里米亚战争。

- （二）战争经过
  1. 俄、土先开战。
  2. 1854年，法联英对俄宣战。
  3. 后来，撒丁王国也派兵加入。

- （三）结果
  1. 俄国因势力孤单而失败，与联军讲和。
  2. 订立《巴黎条约》（1856年）
     - （1）以里海作为中立地带，除军舰不准通行外，各国的商船均得自由往来。
     - （2）土耳其给与希腊、罗马两教教徒同等权利。
     - （3）俄国放弃对土耳其内希腊教徒之保护权。

- （四）影响
  1. 从此以后，欧洲外交界领袖的地位，便为法国所占。
  2. 从此俄国南图之志，终不能达到。

四、拿破仑三世加入意大利统一战争
- （一）加入的动机——拿破仑三世加入这次助意抗奥的战争的动机，和加入克里米亚战争的一样，无非欲立功国外，以图维持威信而已。
- （二）结果
  1. 法国由撒丁手里得着萨伏依、尼斯两地。
  2. 意大利因此换得统一的代价和自由的机会。

第五节　美国的南北战争

一、合众国版图的扩张

美利坚合众国独立之初，只有大西洋沿岸的十三州，后渐扩充。

- （一）建国时（1783年），得密西西比河以东地于英国。
- （二）1803年，从拿破仑一世手中购得河西诸地（即路易斯安那）。
- （三）1819年，向西班牙买得佛罗里达。
- （四）1845年，得德克萨斯。⎫
- （五）1846年，得俄勒冈。　　⎬于墨西哥。
- （六）1848年，得新墨西哥和加利福尼亚。
- （七）1853年，得希拉河以南之地。⎭

于是至十九世纪中叶，东起大西洋，西达太平洋，纵横数千里肥饶之地，概入它的版图了。

二、美国南北战争（1861—1865年）——（一）原因

1. 地理上的互异
   - 北部各州
     - （1）天气寒冷，土地不肥沃，不适于农业的发展。
     - （2）煤炭、铁矿丰富，工业发达，形成个工业区域。
   - 南部各州——气候温暖，土地肥沃，适于农业，是个农业区域。

2. 贸易主义的不同
   - 北部各州
     - （1）因从事工商业，主张保护贸易。
     - （2）代表北方民意的共和党，即原来的联邦党，力争于国会。
   - 南部各州
     - （1）因从事农业，需要购买外国制造品，主张自由贸易。
     - （2）代表南方民意的民主党与共和党力争，结果失败。

3. 解放黑奴问题的争执
   - 南部各州——因从事农业，有许多极大的农场，全靠黑奴耕种，明知蓄养奴隶，不合人类平等的原理，但基于自私自利，不肯解放。
   - 北部各州——从事工商业，无需奴隶，因大唱人道主义，主张解放黑奴。

二、美国南北战争（1861—1865年）
- （二）战争之前夜
  - 1. 共和党的胜利——其时适当美国改选总统之期，两方争执极烈，结果共和党的领袖，素以主张废止奴隶制著名的林肯被选为大总统。
  - 2. 南方各州的行动
    - （1）南部各州见林肯获选总统，决意分离。
    - （2）组织美利坚诸州联盟。
    - （3）另订宪法，采自由贸易政策及使用奴隶制度。
    - （4）举戴维斯为总统。
    - （5）定里士满为临时首都。
  - 3. 战争开幕——1861年4月，南方联邦军出兵北伐，战幕遂开。
- （三）结果
  - 1. 战争五年，两方死伤几十万人。
  - 2. 南方军队，一败涂地，戴维斯被捕。
  - 3. 黑奴正式解放。
  - 4. 美利坚合众国就恢复原来统一的局面。

第六节　意大利的统一

意大利的统一
- （一）意大利统一前之情形
  1. 十八世纪以前，意大利的内部，裂为十数小邦；到维也纳会议以后，北部土地被割于奥，大受奥国势力的钳制。
  2. 一般爱国志士，近感法国七月革命和二月革命的刺激，远慕以往罗马历史的光荣，不禁起来从事于统一意大利的运动。
- （二）力谋统一的三个最杰出的志士——马志尼、加里波第、加富尔。
- （三）撒丁国王的努力——撒丁国王伊曼纽尔二世任用加富尔为相，力图内政的改革，及意大利的统一。
- （四）外交上的胜利
  1. 因加入克里米亚战争而得参预战后的巴黎会议，取得国际上的地位。
  2. 在会议中，力诉奥国虐待意国之苛暴的情形，得列国之同情。
- （五）意奥战争
  1. 1858年，意与法缔结密约，联合对奥作战。
  2. 结果
     - 奥国失败。
     - 撒丁虽将萨伏依、尼斯两地割让于法，但它的版图在中、北两部意大利却扩张不少。
- （六）统一成功
  1. 意奥战争后，加里波第率领武装同志征服南部的那不勒斯和西西里两国，而献于撒丁国王。于是意大利的全境，除了教皇辖地及奥属的威尼西亚外，便统属于一个政府之下了。
  2. 1861年，召集第一次国会于都灵，制定宪法，选举伊曼纽尔二世为意大利王。
  3. 1866年，普奥战争时，意助普攻奥，取得威尼西亚。
  4. 1870年，普法战争时，意乘机收回罗马，作为意大利的首都，于是意大利的统一便完成了。

第七节 德意志帝国的成立

一、德意志统一的企图
- （一）奥、普对峙
  - 奥——自维也纳会议以后，德意志便组织同盟，拥戴奥国为盟主，奥遂独握霸权。
  - 普——后来普鲁士发起关税同盟，诸邦中加入的甚多，于是普之势力，便与奥国旗鼓相当了。
- （二）威廉一世与俾斯麦的统一
  1. 威廉一世即位后，竭力从事于军制的改良和武备的扩充，又任用俾斯麦为相。
  2. 俾斯麦专尚铁血主义，不顾议会的非难，欲以兵力和外交扩张势力，使南部诸邦统属于普鲁士势力之下。

二、普奥战争
- （一）战前俾斯麦外交上之布置——俾斯麦深知将来不免与奥一战，恐势力单薄，不能获胜，于是先联法结意，在外交方面布置了一番，果然到1866年普奥宣战了。
- （二）结果
  1. 普鲁士大胜。
  2. 德意志同盟完全瓦解。
  3. 普鲁士成为北德意志联邦的盟主。

  自此以后，奥国便被摈于德意志联邦之外，后来它联合匈牙利组织一个二元的奥匈帝国。

三、普法战争
（1870—1871年）

（一）原因
1. 普拒法之要求——当普奥战争时，法国受普密约，确守中立；后来普国战胜，拿破仑三世便问它要求莱茵河西岸地，以为那项帮忙的报酬，但为俾斯麦所拒绝。
2. 普阻法购买卢森堡——后来法国出资购买卢森堡于荷兰，而俾斯麦从中作梗，结果便促成了卢森堡之为局外中立国。
3. 借题宣战——到1868年，西班牙忽然起了一个革命，又发生了王位继承的争执，于是拿破仑三世与俾斯麦，便借题宣战了。

（二）结果
1. 普军大胜，拿破仑三世被捉，巴黎得悉，即废帝政，宣布共和。但普军已长驱直入，围困巴黎，四月余后，巴黎失陷。
2. 法与普订城下之盟（1871年2月）
   - （一）法赔款五十亿法郎与普。
   - （二）割让阿尔萨斯、洛林两州与普。

（三）影响
1. 这次战争后，法、普两国深结仇恨。
2. 普王威廉一世以此战争胜利，更受人民拥戴，便促成他于1871年1月18日在巴黎郊外凡尔赛宫正式即德意志帝国帝位。至此，那个中古以来四分五裂的日耳曼，乃成为统一的国家了。

第十八章　工业革命

第一节　工业革命的起源

一、重要机械的发明与工业发展：工业革命始于十八世纪中后期的英国，其起源实由于机械的发明，机械发明最重要的如后：

（一）十八世纪之初，英人纽科门获得稍加改进的蒸汽机的专利权。

（二）1765年，英人哈格里夫斯发明珍妮纺纱机。

（三）1768年，英人阿克莱特发明水力纺纱机。

（四）1785年，卡特莱特发明动力织布机。

（五）1785年，英人瓦特改良纽科门之蒸汽机成功，其用始广。

从此便开始工业革命了。

二、工业革命的潮流：自从十八世纪中后期英国方面发生工业革命后，到十九世纪初年普及四方了。

（一）先蔓延到法国。

（二）普及于西欧各国。

（三）传布到亚、美各洲。

（四）这种革命潮流普及于全世界。

三、工业革命的影响
: 工业革命以后，社会上就产生许多大规模的工厂；工厂制度产生以后，社会上就产生了许多新现象，其中最重要如下：

（一）分工制度的发生。

（二）分工之后，生产量就大大的增加。

（三）国际范围大大扩展。

（四）各文明国中大城兴起如林立。

（五）资本家的形成。

（六）工人全靠资本家生活。

（七）分配余利成为厂主与工人间纠纷的焦点。

（八）雇用女工、童工，工人的待遇问题，成为政府与厂主间争执的题目。

（九）厂主与工人各为本身利益起见，都加入政争，各国政党的左、右派就此出现。

四、救济流弊的方法
: 工业革命的结果，社会上贫富不均更甚，而工人生活的困苦亦愈趋愈下，流弊非常显著，因此各国想出种种方法来补救。

（一）扩充贫民的选举权，使他们代表能够加入国会，谋法律的保障。

（二）工人阶级组织工党，以便取得政权，增工人的利益，这便是各国工党的起源。

第二节　社会主义

一、社会主义
- （一）主义由来——工业革命所产生的最大问题，便是社会问题，既有了社会问题，便发生社会主义。
- （二）意义——主张凡是大规模的生产机关，如矿场、铁道、大工厂等，均由公家主持，将所得的利益，用之社会公益的事业上。

二、社会党的派别
- （一）乌托邦派
  - 主张——专想靠资本家的觉悟，把社会来改良，造成一个安乐的国家，故他们都富于道德心和群众的感情的。
  - 代表者——有法国的傅立叶、英国的欧文等。
- （二）科学派
  - 主张——应用科学的方法，来解决社会问题。
  - 首创者——马克思，他的学说的大意：
    1. 世界一切历史，都是集中于物质，物质有变动，世界也随之变动。
    2. 阶级斗争是人类不可免的事，是社会进化的原动力。
    3. 资本家的巨资，都是剥夺工人的剩余价值。
  - 马克思在他所发表的《共产党宣言》里，主张世界各国的工人应自动的联合起来，去要求政治上、经济上、社会上及教育上的种种权利。

第十九章　帝国主义的发展

第一节　交通机关和商业的发展

一、交通的发展
- （一）1807年，美人富尔顿发明轮船。
- （二）1814年，英人斯蒂芬孙发明火车。
- （三）1869年，法国工程师莱塞普斯凿通红海与地中海的苏伊士运河，于是欧亚间的航路，不必再绕行非洲的南端了。
- （四）1914年，美国政府开通中美洲的巴拿马运河，于是太平洋和大西洋的交通又得到一种极便利的联络。
- （五）1825年，英人初造铁路后，法、德诸国亦急起直追。
- （六）1904年，俄国造成西伯利亚铁路。
- （七）此外，十九世纪中叶又有邮务、电报、电话和海底电线的发明，从此信息大通，对于商业发展，文化传播，都有极大的影响。

二、帝国主义
- （一）起源——欧美各国商人因工业发展之故，往往拥有巨量的资本和过剩的制造品，他们为取得投资机会和消费市场起见，不得不向海外夺取退化民族的领土，或向工业落后的国家强取种种筑路、开矿的特权，此即现代帝国主义的起源。
- （二）发展
  - 波斯、印度、朝鲜等衰亡。
  - 非洲瓜分。
  - 拉丁美洲衰落。
  - 中国贫弱。

  都是受帝国主义侵略的影响。
- （三）祸患——各帝国主义国家（所谓列强）自从十九世纪末年以来，竞争很烈，终于产出1914年的第一次世界大战。

第二节 土耳其的瓦解

一、民族独立运动
- （一）塞尔维亚于1817年
- （二）希腊于1829年

建国，是土耳其帝国瓦解先声。

- （三）其后巴尔干半岛上其他各民族大受刺激，纷起做独立运动，四邻诸国常推波助澜，希逐出土耳其人而分得其领土。

二、俄土战争
- （一）远因
  1. 俄采南下政策，伺机侵土。
  2. 土耳其境内的斯拉夫族与俄土耳其人不融洽。
  3. 基督教与伊斯兰教互相倾轧。
- （二）近因
  1. 土耳其境内的波斯尼亚与黑塞哥维那，于1875年两州又起反乱，翌年保加利亚、塞尔维亚与门的内哥罗起而援助之。
  2. 土政府出兵平乱，无效，又虐杀保加利亚之基督教徒，欧洲各国欲借口出兵干涉，因英态度不明而无结果；但俄国不能再忍，乃于1877年以基督教徒保护者的资格，单独对土宣战。
- （三）结果

  俄国大胜，于1878年与土耳其设立《圣斯特法诺条约》。
  1. 土耳其承认塞尔维亚、门的内哥罗与罗马尼亚的独立。
  2. 扩大保加利亚之领土，达爱琴海，成半独立国，为俄国所保护。
  3. 土耳其赔款三亿卢布与俄国。
  4. 割让亚美尼亚和多不鲁甲与俄国，又开放博斯普鲁斯和达达尼尔两海峡。

三、柏林会议（1878年）
- （一）召集的原因
  1. 俄势增大——俄国因与土订结《圣斯特法诺条约》，不但危害土耳其之独立，且活跃于地中海，势力特别增大。
  2. 列国反对——俄国势力特别增大，为列国所深忌，尤其是英、奥，两国乃共同抗议，整备武力，以逼迫俄国放弃该条约。
  3. 俾斯麦调停——德相俾斯麦见形势险恶，便从中调停，结果于1878年开列国会议于柏林。
- （二）《柏林条约》
  1. 承认门的内哥罗、塞尔维亚、罗马尼亚的独立。
  2. 缩小保加利亚的领土，许其为自治的半独立国，置东鲁美利亚自治州于南部。
  3. 土耳其将伊庇鲁斯和塞萨利之一部与希腊。
  4. 土耳其将塞浦路斯之管理权让与英国。
  5. 俄国仅由土耳其得卡尔斯、巴统等地。
  6. 以多瑙河之一部为中立地带，博斯普鲁斯和达达尼尔两海峡，无论平时、战时，许商船自由通航。
  7. 土耳其和新独立诸国对于国内之各教徒平等待遇。
  8. 土耳其将波斯尼亚、黑塞哥维那之守备、行政，由奥担任。
  9. 土耳其支付俄国偿金，一任俄、土两国谈判。
- （三）影响——此次柏林会议，亦系一种列强的分赃会议，此后巴尔干问题常为欧洲外交上的祸根。

四、土耳其的革命运动
- （一）青年土耳其党的产生——土耳其外交上既着着失利，领土日形缩小，而内政上又腐败不堪，因此到十九世纪末年，国内产生一个青年土耳其党，设机关于巴黎，秘密从事革命运动。
- （二）青年土耳其党的成绩
  1. 1906年，党人潜归本国运动军队，于1908年起事革命。
  2. 1909年，召集国会，议决废黜国王，另立王弟。
  3. 对内制定宪法，改革军制，统一文字与信仰；对外注重恢复国权，一时颇有中兴的气象。
- （三）运动的反响

  欧洲列强与巴尔干诸国深知土耳其改革成功，于己不利，于是：
  1. 1908年，保加利亚正式宣布独立，奥国正式合并波斯尼亚和黑塞哥维那两州。
  2. 1911年，意大利强占北非之的黎波里，大败土耳其军。

  土耳其因巴尔干半岛中的形势险恶，不得已把的黎波里让给意大利。

五、巴尔干战争
- （一）第一次
  - 1. 原因——土耳其从事改革，自为希腊诸国所深忌而实行反对，乃于1912年土耳其与之发生冲突，而酿成第一次巴尔干战争。
  - 2. 结果——土耳其在欧洲方面的领土，除君士坦丁堡附近一带地方外，全部失去。
- （二）第二次
  - 1. 原因——巴尔干半岛战胜的各国，又因分地不均，发生1913年的第二次巴尔干战争。
  - 2. 结果
    - 保加利亚战败。
    - 塞尔维亚、希腊、罗马尼亚和门的内哥罗各得一部分土地。
- （三）战后的情形
  - 1. 土耳其既未全亡，而巴尔干半岛各独立国家又互相猜忌，势不相下。
  - 2. 同时英、俄、德、法等强国又复因利害关系，在半岛中暗斗甚烈，终于产生第一次世界大战。

第三节 波斯的衰落

一、波斯的衰落
- （一）十七世纪，波斯王室渐衰，而俄人又开始南下。
- （二）十八世纪，东北的乌兹别克，东方的阿富汗，西南方的阿拉伯常来骚扰。
- （三）于是北方的俄人就乘机而下，想得里海西南一带土地，国难从此产生。
- （四）十八世纪中叶，虽曾出一个武功很大的英主纳迪尔河，但不久被刺死，国内分裂（阿富汗立国即在此时）。

二、波斯的势力范围

衰替的波斯介于俄国和英领印度之间，当然成为该两个帝国主义者角逐的场所。1907年，英、俄两国竟把波斯分为两国势力圈：
- （一）西北的势力圈——属于俄国。
- （二）东南的势力圈——属于英国。

三、波斯的国难
- （一）改革无效——波斯人自十九世纪以后，知国势危殆，非从政治上革新不可，酝酿多年，终于1906年宣布立宪，但英、俄常常干涉内政，国内又有新、旧党之争，因以财政更加困难，内乱依然时起。
- （二）欧战时国境成战场——欧洲大战时，波斯虽勉强守中立，但是英、俄、德、土四国依然自由行动，在它的境内战争。
- （三）英之企图——1918年时，英军曾占领波斯，想把它改为保护国，因苏联暗助，波斯国民党极力反对而止。

第四节　印度和南洋诸国的灭亡

一、莫卧儿王朝
- （一）起源——帖木儿的后人巴布尔原居中亚，既被元裔乌兹别克人所逐，乃于1526年侵入印度，征服原来的德里苏丹国，定都德里，为莫卧儿朝的始祖。
- （二）兴盛——此朝诸帝，以十六世纪后半期的阿克巴为最英明，他统一印度后，很能调和伊斯兰教和印度教的感情，因以国内统一升平，文化和工商业因之都很发达。
- （三）衰落——自十七世纪以来，英法诸国的势力逐渐侵入印度，同时印度自十八世纪初年以来，君主多属昏庸，国内已经瓦解，内忧外患，相逼而来，所以实际上，印度莫卧儿朝自十八世纪以来，已名存而实亡了。

二、印度的灭亡
- （一）英国打倒法国在印度的殖民势力后，就独占印度。
- （二）十九世纪初年，印度土酋所组织的乌拉特联盟，曾起来抵抗英人的侵略，但终为英人所征服。
- （三）1857年，印度兵曾经大变一次，杀死不少英人，亦终为英人所平定。
- （四）英人乃于1858年把东印度公司取消，由英王维多利亚兼领印度，上尊号为"印度女皇"；同时废止德里城中久成傀儡的皇帝，从此印度便正式亡国。

三、越南
- （一）独立后与中国之关系——越南（安南）自十世纪后独立成国，但始终入贡中国，其王且受中国的册封。
- （二）法人的侵入——法自十八世纪末年在印度的势力为英消灭后，就想撄取印度支那半岛以资补偿；恰值越南王族内乱，法人乃乘机于1802年帮助王族中的阮福映统一各地为王，此为法人侵入越南之始。
- （三）法人势力之扩张——此后法人在半岛南部竭力经营，待时而动，终于1867年把衰落不堪的柬埔寨王国收归保护，同年又强占交趾支那。
- （四）为法灭亡——中法战争，中国政府糊涂，竟以胜利而向法国讲和，于1885年将越南让给法国，从此印度支那半岛为法国的属地了。

四、缅甸
- （一）与中国之关系——缅甸当中古末期，常入贡于中国元、明两代的君主；近世初年，中国的清高宗，亦曾有册封缅甸王的举动。
- （二）英人的侵入——英国既已占领印度，对于东邻的缅甸，当然也要并吞，因此到1824年起，竟借口缅甸抱有窥伺印度的雄心，不得不先发制人，出兵侵入缅甸境中沿海一带地方。
- （三）为英灭亡——1885年中国既把越南让给法国，英人为维持南洋均势起见，竟将缅甸灭亡，改为印度的一州。此后英人乘势向东南而下，把马来半岛收归自己的版图。

五、暹罗（泰国）
- （一）与中国之关系——暹罗人自从中古末年立国以来，虽然同奉佛教，但因倾心中国的文化，而常常入贡中国。
- （二）幸存——自十九世纪中叶以后，英、法两国各得印度和越南诸地，就夹向暹罗压迫；而因介于两强之间，备有缓冲的资格，于1896年，英、法协定，以暹罗中部为中立地带，暹罗竟幸免亡国。
- （三）改革
  - 二十世纪初年，英、法两国允取消一部分领事裁判权，惟暹罗须割一部分土地为交换条件。
  - 此后暹罗对中国文化已失信仰，而努力进行欧化工作。
- （四）成为独立自由的国家——自1917年参加对德战争后，美国首先于1920年取消领事裁判权，并承认其关税自主；1924年英、法、荷、意诸国亦先后仿行，暹罗至此总算成为一个独立自由的国家了。
- （五）政体的改变——1932年6月，首都军队革命，强迫国王颁布宪法，暹罗的专制政体，至此乃改为立宪的制度。

第五节　日本的维新和朝鲜的灭亡

一、日本明治维新
- (一) 维新前的国情
  - 1. 幕府当权——日本明治维新以前，行的是封建制度，幕府当权，强藩割据，只知闭关自守，正和十九世纪初期以前的中国相同。
  - 2. 始开海禁——1853年，美国的海军准将佩里突然率船出现于浦贺，要求通商；英、法诸国亦相继要求，幕府知难拒绝，因即和他们订约通商，开辟口岸，这便是日本海禁开通之始。
- (二) 维新的成绩

  1868年，明治天皇即位，幕府当局即辞职归政，而明治即着手革新：
  - 1. 改革官制，以杜将相的专横。
  - 2. 迁都江户，改名东京，以示改革政治之决心。
  - 3. 继又废藩置县，集权中央，于是封建制度完全废止。
  - 4. 派伊藤博文等赴欧考察政治，为他日立宪之备。
  - 5. 铁路、邮电等事业，次第设施。
  - 6. 1889年宪法告成，次年召集国会。
- (三) 维新以后的势力扩张
  - 1. 对内——根据"万机决于公论"的誓约，推行宪法。
  - 2. 对外——力谋版图的扩张，实施侵略，所以北收千岛，西县琉球，努力要从岛国进为大陆国，而朝鲜首当其冲，遂不能幸免了。

二、朝鲜
- （一）与中国之关系——朝鲜自汉以来，早与中国发生宗属的关系；明清之际，它仍受封称藩，愈见亲附。
- （二）中日之战
  - 1. 原因——1875年，日本正值盛受欧化向外发展之时，便故意与朝鲜起衅，迫开仁川、元山两港通商，日本便认朝鲜为独立国，但中国政府并不理会；但后来终因出兵朝鲜，镇压内乱，就与日本冲突，此即中日之战。
  - 2. 结果 结果中国大败，1895年，两国订立《马关条约》：
    - （1）中国割让台湾、澎湖列岛和辽东半岛与日本。
    - （2）中国赔款银二亿两。
    - （3）开沙市、重庆、苏州、杭州各港。
    - （4）承认朝鲜独立。
  - 3. 俄国干涉——俄以辽东半岛归日，于己不利，纠合德、法，迫令日本归还辽东半岛与中国，另由中国付予代价三千万两，这是后来日俄战争的伏根。
- （三）日俄战争
  - 1. 原因——日本因深恨俄国逼还辽东与侵害朝鲜之故，而酿成日俄之战。
  - 2. 结果 结果日本胜利，两国订立《朴茨茅斯条约》：
    - （1）俄国承认朝鲜为日本之保护国。
    - （2）俄国把租自中国的旅顺、大连转让日本。
    - （3）又把库页岛南半亦割给日本。
- （四）朝鲜亡国——日本将朝鲜收为保护国后，便派重兵屯驻朝鲜，并置统监于朝鲜，1910年又提出日韩合并，强迫朝鲜王签字承认，于是朝鲜正式亡国。

第六节　英、美帝国主义的发展

一、英国的殖民地

十九世纪时，英国战胜了拿破仑，便执世界殖民事业的牛耳，它的重要殖民地有下列诸处：

（一）加拿大
- 这是英国的旧殖民地。
- 1840年加拿大的诸部，合并为一。
- 1867年又联合为一个自治之邦，邦内一切政事，除去外交及宣战等外，均由加拿大自己的政府处理，英政府全不过问。

（二）澳大利亚
- 也是个自治的殖民地。
- 1900年，澳属各部合并为一。
- 同年得到与加拿大同样的自治特权。

（三）南非联邦——十九世纪末年，英国打败了原来南非洲的主人荷兰布尔人，一仿加拿大与澳洲之先例，建立自治的联邦。

（四）新西兰
（五）纽芬兰
与以上三邦一样，都曾在二十世纪初年得到了自治的特权，成为不列颠帝国中的自治分子。

此外英国的重要属地及保护国中，尚有印度、埃及，及海峡殖民地等数十处，不胜枚举。

二、美国势力的扩张
　美国自南北战争后，早就利用门罗主义的招牌，一面拒绝欧洲的干涉，一面竭力扩张自己的领土，向外发展。

（一）1898 年，与西班牙宣战，使古巴独立，并得占领中国东南的菲律宾群岛，又收取太平洋中央之夏威夷群岛，使合并于美国。

（二）1899 年，又与德共分萨摩亚群岛。

美国在太平洋上的势力由是大张。

（三）巴拿马运河告成
　1903 年，美国暗助巴拿马脱离哥伦比亚独立，遂取得巴拿马运河的开凿权，且订明运河两岸地属美。
　1914 年，运河通航，于是大西洋与太平洋可成一气，美国的地位益见重要，竟成为世界上一等强国了。

第七节　帝国主义者的分割非洲

非洲的瓜分
- （一）英国的获得
  1. 十九世纪末叶，收埃及为保护国。
  2. 又占领苏丹的一部，置诸英、埃共管之下。
  3. 更以南非洲为殖民地——南非本是荷兰之殖民地，后来荷人因受不了英人的虐待，逐渐北迁，建立德兰士瓦和奥兰治两国。英国又垂涎后者之金矿，便借题宣战，到1902年，正式夷两国为其殖民地。
- （二）比利时灭刚果自由邦
  1. 刚果自由邦之由来——1876年，比利时人从事于非洲中部的探险，明年发现刚果河下流地，后经列国的协商，承认它为刚果自由邦，由比王兼领。
  2. 灭亡——1908年，比利时把刚果自由邦，收为属地。
- （三）法国的获得
  - 阿尔及尔。
  - 突尼斯。
  - 塞内加尔。
  - 撒哈拉沙漠的大部。
  - 马达加斯加岛。
- （四）德国的获得
  - 几内亚湾沿的北部。
  - 西南非洲。
  - 东非洲。
- （五）法、德争摩洛哥
  1. 1905年，法侵非洲西北的摩洛哥，德国便提起抗议。
  2. 列国会议的结果
     - 把摩洛哥的保护权给法。
     - 德国仅得到和其他各国同样的权利。
  3. 影响——法、德的仇恨，从此更深一层，为欧洲大战原因之一。

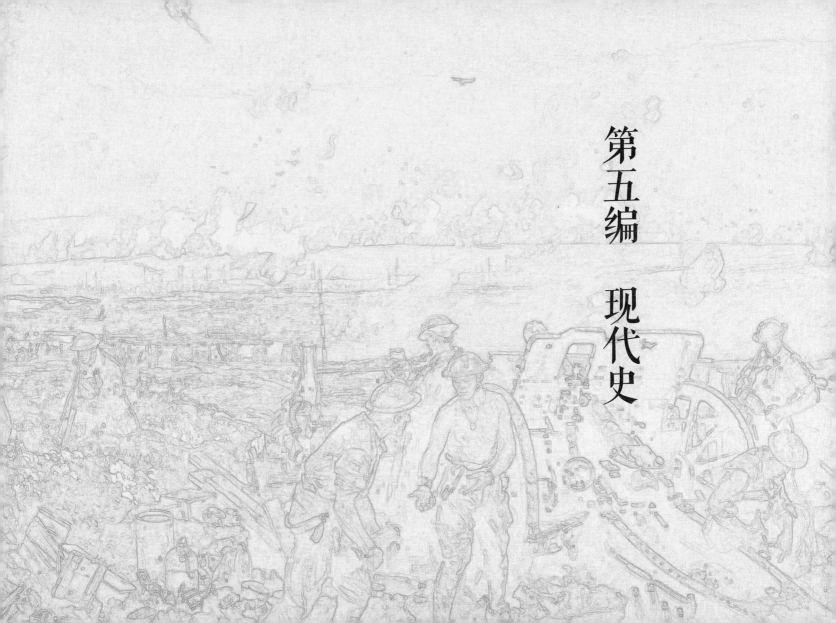

第五编 现代史

第二十章　欧洲大战前的国际形势

第一节　欧洲列强的内治

一、英国的两大问题
- 英国在十九世纪下半期，除了对于政治和社会竭力改革外，有两个最困难的问题：
  - （一）扩充选举问题——经两三次的改革，才制定一个普遍而平允的选举法。
  - （二）爱尔兰自治问题
    - 1. 原因——它的民族、风俗、语言、宗教都与英国不同，而英国强把它合为一体。
    - 2. 大政治家调和无效——虽曾由大政治家格莱斯顿的调和，但到欧洲大战时，还是不能解决。

二、德国的隆盛
- 德国自十九世纪末年威廉二世即位以来，财富人口，无不大有增加。
  - （一）工业进步，追上英国。
  - （二）人口增加，独步西欧。} 因此新兴城市，林立国中；航业市场，远及海外。
  - （三）陆军训练之勤和海军进步之速，尤足惊人——到二十世纪初，德国的国势和军备，都已达到最强盛之境了。

三、法国的繁荣
- （一）第三次共和告成——法国自拿破仑三世失败以后，第三共和于 1870 年告成。
- （二）温和党主政——后来因王党各派不能合作，工党又因暴动而失去国人的同情，所以温和共和党胜利，得独主国政，从此法兰西第三共和国，遂得繁荣滋长。

四、俄国革命势力的潜伏
- （一）当十九世纪下半期，俄国曾用不彻底的办法解放国内的佃奴，但这种改革不但不能满足人民的要求，反使他们对于革命的运动更加热烈，恐怖主义因以产生。
- （二）当俄国政府，唯能横施武力，把那个革命的潮流暂时阻止；但是官僚依然腐败，乡农依然困苦，终至酿成 1917 年的大革命。

五、奥国的民族问题

奥国的最大问题，莫过于国内种族的复杂和彼此的仇视，其中最重要的民族有：
- 日耳曼人。
- 匈牙利人。
- 捷克斯拉夫人。
- 南斯拉夫人。

这三族当十九世纪时，常起革命而终不成功，直到欧洲大战时，奥国才完全瓦解。

第二节　欧洲国际关系的新结合

一、三国同盟（德、奥、意）
- （一）德联奥——当普法战争之后，德之国势虽日趋隆盛，但总怕法国报仇，故于1879年，德便以同族关系，与奥密订条约，结成攻守同盟。
- （二）意联德奥——1882年，意大利因法人强占突尼斯，大不满意，就分头和德、奥订定盟约，成为三角联锁的形势，想把法国包围起来。

二、俄法协约
- （一）原因——三国同盟既成立，俄、法两国都感着孤立的危险，于是它们以利害相同的关系，结合起来。
- （二）订约——1892年两国协订密约，从此与同盟国对峙，成势力均衡之局。

三、英日同盟与三国协约
- （一）原因——英国向以"光荣孤立"自命，不党同盟，亦不党协约，而后恐德将握海上之霸权，乃变向来之态度，竭力和同盟国以外的强国交欢。
- （二）订约
  - 1902年和日本联盟。
  - 1904年和1907年先后和法、俄两国订立协约而成"三国协约"（同盟国与协约国既已势均力敌，世界大战就无法避免了）。

第三节　第一次世界大战的起源

世界大战之原因
- 时期——1914年至1918年。
- 参战国——数十国。
- 参战人数——一亿以上。
- （一）远因
  1. 列强经济力膨胀，竞争市场。
  2. 帝国主义发展而互起冲突。
  3. 民族主义勃兴（大斯拉夫主义与大日耳曼主义对抗）。
- （二）近因
  1. 1914年6月，奥太子斐迪南阅兵于奥之西南境，并设防塞尔维亚计划。
  2. 塞人积恨已久，竟有人在波斯尼亚首府萨拉热窝地方，把奥太子夫妇刺死，奥国遂于7月下旬对塞宣战，于是第一次世界大战开始了。

第二十一章　第一次世界大战与巴黎和会

第一节　第一次世界大战的经过

一、参战国
- 协约国
  - 俄国——首先援塞敌奥（德同时对俄宣战）。
  - 法国——与德为世仇，与俄为协约，当然加入。
  - 比利时——德军向法进攻，占卢森堡，并致最后通牒于比利时，要求通过其国，限二十四小时以内答复，而比国誓死抗德。
  - 英——借口德意志蔑视比利时，维持卢森堡之中立而对德宣战。
  - 日——欲乘欧洲的风云，垄断东亚的权利，因借口英日同盟，对德宣战，攻取德在中国的青岛租借地。
  - 意——因与法接近，且与奥虽属同盟，实系世仇，遂背盟向奥出兵，加入协约。
  - 美——因恨德宣布无限制潜艇战而对德宣战。
  - 中国——对德、奥宣战。
  - 其他。
- 同盟国——德、奥、土、保加利亚。

二、德之作战
- （一）分东西两战场
  - 东面攻入俄境，节节胜利。
  - 西面越比入法，猛攻巴黎的近郊。
- （二）与英海战——一面又用海军与英国在北海上角逐。

三、英之作战
- 海上——英国竭海上之力把德之海港封锁，断绝它的海外接济。
- 陆上——同时联合法、俄、意诸国，急攻土耳其，以分它作战的力量。

四、协约宣传
- （一）原因——战争之初，同盟方面，颇见胜利，协约方面便竭力宣传，四出运动。
- （二）效果——先后加入协约方面共同作战的，几遍世界。

五、俄国退出战涡
- （一）原因——国内忽于1917年革命，倡无条件和平之说，与德单独讲和。
- （二）影响——于是协约方面骤失了一个有力的帮手，德乃得尽调东方的军队，移实西欧战场。

六、美国及中国等参战
- （一）原因——德以减少了俄国的大敌，力量大增，一面更时时利用潜水艇狙击敌舰，后复肆行无忌，任意袭击中立国的商船，颇惹美国的恶感，后来德又宣布无限制潜艇战，美乃于1917年4月而对德宣战。
- （二）影响
  - 南美诸国和希腊都应声参加。
  - 中国亦于8月14日对德宣战。
  - 于是协约国方面的声势骤然大振。

七、同盟国的失败
- （一）保、土、奥的降服
  1. 1918年7月以后，德国军队便节节败退。
  2. 8月以后，法军联合巴尔干诸国的军队，攻保加利亚，德不能救，保加利亚遂无条件的降服。
  3. 同时英军从中东战线攻土耳其，土军连败，也只得无条件降服。
  4. 于是奥国大震，而维也纳革命的声浪又盛，遂一面移文美政府乞和，一面急与意军协议停战。
- （二）德国乞和，大战闭幕
  1. 保、土、奥既先后脱离战局，德国的兵力益孤，西战场的败报相继而来。
  2. 德孤立无助，加以国内亦有革命爆发的形势，乃于1918年11月求和收战，于是全世界大战算是闭幕了。

第二节　俄国的革命

俄国革命
- （一）原因
  - 1. 政治的压迫
    - 俄国向为欧洲极专制之国，贵族教士独揽大权，政治极为腐败而黑暗，人民因以痛苦至深！
    - 1905年，俄皇虽勉强答应了人民的要求，宣布立宪，但是徒有其名而无实惠，人民受政府的监视、官吏对人民的横暴，都是与十九世纪初年的情形一般无二。
  - 2. 经济的压迫
    - 俄国的人民，半系佃奴与劳工，他们的生活非常痛苦，虽百年以来政府曾有数度不彻底的改革，而农民的生活反更加困难。
    - 自世界大战开战以后，人民的负担更重，食料愈感缺乏，而政府腐败，如中饱军费等亦愈甚。
- （二）爆发
  - 俄国人民受此两重的压迫，痛苦不堪，加以士兵在大战中严寒苦战，不免怨恨，革命党人乘机活动，于是影响于全世界的社会革命——二月革命，在1917年3月（俄历二月），爆发于俄都彼得格勒。

俄国革命 ─ （三）成功
- 1. 俄皇退位改民主国——尼古拉二世闻变，急自前敌返京，中途被逼退位，国会议员便出来组织临时政府，改为民主国。
- 2. 临时政府的颠覆
  - 临时政府阁员，大体均系主张温和的人，对外交政策无大变更，前敌军队仍旧作战。
  - 不久社会党人得势，克伦斯基组织内阁，依旧继续作战，并不能给一般企望和平的民众以痛快的解决，因以不久即被社会党所推翻。
- 3. 苏维埃政府的成立
  - 布尔什维克领袖列宁推翻克伦斯基，组织苏维埃（即委员会意思）政府。
  - 苏维埃政府的政策
    - 对内——宣布废除土地及资本的私有制度，建设无阶级专政制度。
    - 对外——排斥秘密外交，主张无赔偿、无吞并及民族自决的原则，并联络世界各国的劳农，做世界革命的运动。

第三节 巴黎和会

巴黎和会
- （一）时地——1919年1月18日，在法国巴黎郊外的凡尔赛宫开幕。
- （二）参与国——共三十二国。
- （三）三巨头：这次会议不过是个几个强国的分赃会议，其余小国跟着签个字而已。会议的主脑人物是：
  - 美国总统威尔逊。
  - 法国总理克里孟梭。
  - 英国首相劳合·乔治。

  大战后的一切善后问题和全世界的命运，几全都受他们三人的支配。

- （四）和约中的要项：1919年6月和约告成，其内容可分为：
  1. 德、奥、土三国领土的缩小
     - 德
       - （1）割阿尔萨斯、洛林两州与法国。
       - （2）比利时、波兰、丹麦等亦各得其一部分领土。
       - （3）在非洲的领土，由国际根据一种"委任管理制"，委任英、法两国分管，在太平洋的领土委任日本与澳洲分管。
     - 奥——完全瓦解，其版图较之战前仅存六分之一。
     - 土
       - （1）在欧洲只保存一个君士坦丁堡。
       - （2）在亚洲方面亦失去许多地方。

       瓜分殆尽，到此已局处于小亚细亚半岛中了。

巴黎和会 ─ (四) 和约中的要项
- 2. 德国军力的铲除
  - (1) 德国须交出原有海军舰的大部分,将来的海军,则以战舰、巡洋舰各六艘,小舰数艘为限,并限止不得再有潜艇的设备。
  - (2) 陆军全数不得过十万人。
- 3. 损害赔偿
  - (1) 规定德国须在短期中赔出2 260亿(后来减至到1 320亿)金马克的现金和货物。
  - (2) 此外尚有应行赔偿者,则由协约国所组织的赔偿委员会去决定。
  - (3) 德国并须于十年间,每年给予比、法、意三国以数百万吨之煤。
  - (4) 将萨尔河流域的煤矿交法国经理,为期至少十五年。
  - (5) 奥及其他同盟国也都负有赔偿协约国损失的责任。
- 4. 国际联盟的成立。

(五) 山东问题

和会中根据英日密约,主张把德国在中国山东省所有权利,完全转给日本。

当时中国人民大愤,激成惊动一时的五四运动。

中国代表乃拒绝签字。

直到1921年华盛顿会议时,经中国人一致的奋斗,和英、美两国的斡旋,才把青岛和胶济铁路由日本方面赎回。

第二十二章　第一次世界大战后欧洲国际的形势

第一节　国际联盟

国际联盟 ⎰ （一）发起者——美国威尔逊总统在巴黎和会中竭力主张组织国际联盟。
　　　　 ⎨ （二）当初加入的国家共有三十二个协约国，十三个中立国。德、奥、匈、保、土、俄及塞尔维亚均不在内，以示排斥，而美国因种种原因，亦始终未加入。
　　　　 ⎩ （三）组织 ⎰ 1. 会所——设在瑞士的日内瓦。
　　　　　　　　　　　 ⎨ 2. 议事会 ⎰ 由联盟中各国各派代表（每国不得过三人）组织之。
　　　　　　　　　　　 ⎨ 　　　　 ⎩ 凡重要提案，须全体同意，方得通过。
　　　　　　　　　　　 ⎨ 3. 理事会——为联盟的行政部，原由九个代表组织而成；除英、美、法、意、日五强永远各占一席外，其余四人由议事会选举其他四国代表充任；嗣因美不加入，到1926年，代以新加入的德国常任理事，并把非常任理事加到六人。
　　　　　　　　　　　 ⎩ 4. 秘书处——是处理联盟的事务机关。

国际联盟
- （四）任务
  - 1. 消弭国际战争，凡会员国倘有国际争执，得提请公断或调查；公断后不得再战，调查后，如联盟主张为全体会员所通过，亦不得再战。如会员国不遵盟约，任意宣战，则其他会员国均应和它断绝商业上和经济上的关系。
  - 2. 维持会员国的领土完整和政治独立。
  - 3. 建设永久国际法院，判决国际的争端。
  - 4. 计划裁减军备和限制军器制造。

  此外尚有国际劳工局之设立，以谋世界上工人状况之改良。
- （五）实际状况：联盟本身既无实力，且为少数欧洲强国所把持，美国始终不加入，德、日两国又先后退盟，寿命几绝；幸复经法国竭力拉拢苏俄加入为会员国，始得支持。然从此帝国主义的国家与势不两立的社会主义国家合作于国际联盟，亦复滑稽之至，而亦可见联盟之可怜也。

第二节　新兴的国家

一、民族自决主义
- （一）首创者——美国威尔逊总统。
- （二）影响
  - 他创立民族自决的原则，一时很受弱小民族的欢迎。
  - 俄、土、奥本是民族最复杂的国家，一旦瓦解，境内民族就纷纷独立。西亚、东欧诸地因此兴起许多新国。

二、新兴的国家
- （一）波兰——1918年建设共和政府，完全复国。
- （二）芬兰——曾为俄国所并，1917年乘俄国革命，遂完全独立。
- （三）匈牙利——奥匈革命，与奥分离，成为一完全独立的君主国。
- （四）捷克斯拉夫——由奥属波西米亚、摩拉维亚、西里西亚三州及匈属斯拉夫人所居之一部分合成者，1918年乘奥匈瓦解宣布独立，为一共和国。
- （五）南斯拉夫——由塞尔维亚、门的内哥罗尼两国及奥匈所属的波斯尼亚、黑塞哥维那、斯拉沃尼亚和伏伊伏丁那、卡尼奥拉、施蒂利亚和达尔马提亚等地方合成者。1918年改建新国，仍行君主制。
- （六）波罗的海滨的三国
  - 爱沙尼亚。
  - 拉脱维亚。
  - 立陶宛。

  都从俄国分出。1918年，他们先后宣布独立，皆行共和制。
- （七）远东共和国——独立于俄属西伯利亚的东部。
- （八）格鲁吉亚。
- （九）亚塞尔拜疆。
- （十）亚美尼亚。

  是由高加索分为三个共和国。

  1924年，苏维埃联邦的统一告成，这四国仍加入苏联，为联邦中的一员。
- （十一）汉志王国——由土耳其在亚洲的境内分出。
- （十二）埃及——脱离英而独立。
- （十三）爱尔兰——得英国的承认而成为自由邦。

第三节 欧洲的和平运动

一、国际联盟的和平事业
- （一）排解会员国领土的争执。
- （二）主持会员国灾民赈济的事业和财政的整理工作。
- （三）组织种种研究国际问题的委员会。
- （四）设立国际法院于海牙——自 1922 年，已在海牙正式开庭，凡参加的各国间，如有条约的解释，国际法上的问题和破坏国际责任的事件，均应受这个法院的管辖。

二、洛迦诺会议
- （一）参与国——德、法、英、比、意等于 1925 年开会于洛迦诺。
- （二）讨论——国际安全问题。
- （三）结果
  1. 德、比、法、英、意诸国签订互保条约，相约不得互相侵略或宣战，如有国际争执，应用法律手续或提到国际联盟解决之。
  2. 此外德、法、比、波诸国，亦互订仲裁条约，相约如有争执，应提交调解机关或国际法院决定之。
  3. 提高了德国的国家地位，促使其在第二年加入国际联盟。

三、军备裁减运动的失败
- （一）1921年的华盛顿会议中，规定了英、美、日三国海军5∶5∶3的比例，总算有相当的结果，余均绝无成绩。
- （二）1924年，国际联盟聘请专家起草一种"互助公约"，但大家对于"侵略者"的定义和责任问题有意见分歧，没有成立。
- （三）1930年的会议，亦因法、意两国的海军平等问题，无法解决。
- （四）1931年日本用武力强夺东三省后，美国尤感恐慌，因此各国军备，不但不减，反有分外扩充的趋势。
- （五）1932年日内瓦的裁军会议，又因德国要求军备平等，法国要求维持和约，反引起英、意诸国提出修改巴黎和约的问题。
- （六）1935年，德之独裁首领希特勒竟宣布废除凡尔赛和约，重整军备，从此列强均竭全力扩张军备了。

第四节　德国赔偿问题的困难

赔偿问题的困难
- （一）法、比军占领鲁尔河区域
  - 1. 原因——1921年，赔偿委员会决定德国应赔款数目极巨，德国声称无力负担，于是法、比两国军队遂于1923年入占德国工业最盛的鲁尔河区域。
  - 2. 结果——德国的经济益趋破产，法、比不能获得理想结果。

赔偿问题的困难
- （二）道威斯计划和杨格计划——1924年和1929年，美国道威斯和杨格诸人，应协约国的聘请，提出几个赔偿的计划，但德国终因数目过大，无力履行。
- （三）法再以经济压迫
  - 1. 原因——1931年，法国因德国和奥国结关税同盟，又用经济手段，加以压迫。
  - 2. 结果——德国几有立即破产的危险，法仍不能如愿。
- （四）洛桑会议
  - 1. 召集的由来——美国总统胡佛为救急起见，得各国同意，于1931年7月宣布各国间停付赔款一年，德国同时并要求开一国际会议，从长讨论赔偿问题，乃于1932年开会于洛桑。
  - 2. 议决及其影响——决定减少德国赔款总数，并变偿付办法，但此项协定须待协约国所负美国战债商妥以后，再行批准实行，因此德国的赔偿问题未解决，而美国的战债问题又起了。
  - 3. 美政府的主张——谓欧洲各国果能裁减军备，减低关税，使人民的负担减轻，借以增加他们的消费力，则战债的减少或取消，亦未始不可加以考虑的。
- （五）伦敦经济会议——于是美国发起于1933年6月开一世界经济会议于伦敦，但是国际情形非常复杂，意见互异，无结果而散，德国的赔偿依旧是个问题。

第五节　欧洲各国的内政

一、英国

（一）失业问题和保护政策
1. 原因——英国在第一次世界大战之后，因欧洲东、中各地市场的破产和美、日制造业的竞争，经济状况大非昔比，结果为国内失业人数的大增。
2. 政府救济无效——政府想用移民海外和金钱救济等方法补救，都无成效。1922年后保守党秉政，进行关税保护政策，而于1924年政策失败，第一次工党内阁出现；不久保守党仍复得势，仍贯彻其关税保护的政策，而失业问题终未能解决。

（二）政党的变化与普选原理的实现
以自由党的衰落和工党的代兴，为最可注意。1924年工党内阁的出现，实为工人得势的明证。
1928年国会又通过凡二十一岁以上的女子，都得享有选举权，普选的原理，至此乃完全实现。

（三）殖民地的自主——自治殖民地，自1925年帝国会议以来，实际上已和独立国家无异。各殖民地政府，除有总督一人代表英王外，已可直接和外国订约或派遣公使了（爱尔兰、埃及和印度的独立运动详后）。

二、法国
- (一) 法国的财政问题
  1. 受大战的影响——四年大战几乎以法国的东北境为主要的战场，物质的损失非常重大。战后以为一切损失，定可取偿于德国，不料德竟无力负担。
  2. 右派的政策之失败——法政府右派当权时，曾入占德国之鲁尔河区域，无济于事，因此想以增加赋税为救济的方法，不料因此于1924年为左派推翻。
  3. 左派的成绩
     - 左派组阁后，对于右派的高压政策，稍稍变更：
     - 1925年，鲁尔河撤兵。
     - 1925年，洛迦诺会议成功。
     - 到1926年，法国的预算方办到出入相敷。
- (二) 坚持履行《巴黎和约》——法国坚持履行《巴黎和约》和保障国家安全。欧洲国家之间德国赔偿和裁减军备两个重要问题，一时无解决的希望，大部分由于这个缘故。

三、德国
- （一）政党的左右派——大战以前，德国最大的政党为社会民主党，到1916年，党中左派反对战争，主张革命；同时又有极端右派的产生，为现代德国右派各党的先驱。
- （二）社会党的革命成功——1918年，社会党人革命，强迫德帝威廉二世退位，各派社会党人乃组织国民政府，支持停战。
- （三）各党相争的结果——一时社会党的左右派冲突甚烈，结果左派失败。
- （四）魏玛宪法——1919年1月选举立宪会议，社会民主党得胜，开会议于魏玛，选举艾伯特为总统，并制定宪法：采两院制的国会及男女二十岁以上普选制，其他各邦，如欲加入共和，必先废止君主，此即有名的《魏玛宪法》。
- （五）经济危机的挽回——德国经济大受赔款问题的影响，几乎破产，嗣因赔款问题，由英国发起请专家计划，危机才得挽回。
- （六）希特勒的独裁——自1925年和1932年兴登堡将军二次当选为总统后，国民党人逐渐得势，而希特勒所领导的纳粹党主张对外修正和约，对内发对共产，运动尤力，发展尤快；希特勒竟于1933年达到组织内阁，一党专政的目的。兴登堡逝世后，总统未行另选，国事由他一己独裁，对外对内时有惊人之宣言与举动。1935年已收回萨尔，已宣言废弃《凡尔赛和约》，重整军备矣。

四、苏联政治的组织
- （一）基本单位——市、乡的苏维埃。
- （二）最高行政机关——由市、乡的苏维埃，用选举法层叠而上，以中央执行委员会为最高行政机关，由主席团主持之。
- （三）苏维埃联邦——1923年联邦宪法告成，于是各自主国联合而成苏维埃联邦。
- （四）联邦议会
  - 主持一切行政、立法、司法的事务。
  - 平时不开会时，由中央执行委员会代行；委员会不开会时，则由主席团代行。

五、苏俄实行新经济政策
- （一）原因——俄国自实行革命以后，工业崩坏，纸币失效，铁道腐化，商业消减，农民怠工，全国经济生活几乎全部瓦解，于是1921年不得不采行"新经济政策"，以谋救济。
- （二）新经济政策的内容
  - 恢复工资、纸币、私人贸易等制度，民困因此稍苏；对于私人资本主义，始终主张打倒。
  - 凡大规模的工商业，概由国家主持之。
  - 一切设施，都可以办到不靠外国资本主义为目的。
- （三）实现——1924年列宁去世，斯大林为领导人，先后与波兰诸国订立不侵犯条约，一面积极进行"五年计划"的全国工业化，到1932年终成功；翌年起又进行第二个"五年计划"，1934年又加入国联。

六、棒喝主义的意大利
- （一）大战后的意大利——意大利在欧洲列强中，本是个最穷的国家，大战之后，国民以负担过重，生活困难，因此暴动甚烈。
- （二）棒喝党的产生——当时国内乃有一个名叫棒喝党的新政党产生，领袖是墨索里尼，进行甚速，不久即握国事的大权。
- （三）棒喝党的政策
  - 他们主张一党专政。1923年墨索里尼组织内阁，独揽大权，常用武力镇压暴动，以维护资产阶级。
  - 他对内整理财政，以恢复元气；对外联络德、匈，以反对法国，颇著成绩。
- （四）影响——墨氏所创的法西斯主义（即棒喝主义）因很有成绩，乃有起代欧洲各国议会制度的趋势。德国的希特勒的纳粹党，就是这个主义。

第二十三章　第一次世界大战后的世界

第一节　华盛顿会议

华盛顿会议的召集及其内容
- （一）召集的原因——远东国际形势的转变
  - 1. 三强争雄——第一次世界大战之后，俄、德瓦解，法国则全力用诸欧陆，无暇东顾，因此太平洋上争雄的分子，只留英、美、日三国了。
  - 2. 美日冲突——美、日两国对于中国的政策，素来极其冲突：
    - 美——主机会均等，利益均沾。巴黎和会对于山东问题的处置，美国反对尤力。
    - 日——主张武力并吞，独享其利。
- （二）召集者及讨论的中心——因有上列的种种原因，美国总统哈定乃于1921年在美国首都华盛顿召集国际会议，讨论解决的办法。史家以为这个会议既以太平洋问题为讨论的中心，就称之为太平洋会议。
- （三）会议的国家与其内容
  - 与议国——英、美、日、意、法、中国、葡萄牙、荷兰、比利时九国，而以美国的国务卿休斯为议长。
  - 内容——（1）限制军备问题；（2）《三国协定》；（3）中国问题；（4）雅浦问题。

第二节 华盛顿会议的结果

华盛顿会议的结果
- （一）军备限制
  - 1. 海军方面——规定主力舰的吨数，美国和英国各 52.5 万吨，日本 31.5 万吨，其余巨舰，一概废弃——就是所谓"五五三比例"。
  - 2. 陆军方面——因法代表宣言法国深恐俄、德两国的胁迫，陆军军备不能裁减，遂无结果而罢。
  - 3. 新式战斗器使用的限制
    - （1）潜水艇不得袭击服从命令及船员乘客尚未置安全地位之商船。
    - （2）毒气一律禁止使用。
    - （3）其他飞机及最新战斗器的使用，另开审查会审查之。
- （二）三国协定成为四国协定

  三国协定原为英、美、日三国，后由美国主张，约请法国加入，成为四国协定。其内容为：
  1. 凡缔约国在太平洋中所领各岛屿间，如有争议，应会商解决。
  2. 如受非缔约国的侵略，则彼此应为有力的处置。

  此约既定，英日同盟便不解而自解了。

华盛顿会议的结果 — (三) 中国问题
- 1. 中国代表提出十条希望之要旨
  - （1）要求列国尊重中国领土完整。
  - （2）中国以前失去的权利，应当一一收回。

  列国代表未经详细讨论，而由美代表提出四大原则。

- 2. 四大原则
  - （1）尊重中国的主权独立，及领土与行政的完整。
  - （2）与中国以充分无碍的机会，俾得自行发展，并维持它的稳固有力的政府。
  - （3）用全力来确立各国在中国的工商业机会均等的原则，加以维持。
  - （4）不得利用中国现状，攫取特殊的权利。

  此原则，九国都通过签字，即所谓《九国公约》。此原则一面固确与中国以便利，而一面仍重在列强对华的均势，不使一国独占。

- 3. 山东问题的解决

  关于山东问题，会议中无法解决，后经英、美两国的调停，由中国和日本自行在会外谈判，结果决定：
  - （1）日本允将胶州湾交还中国，开放青岛为万国商埠。
  - （2）中国出三千万日金赎回胶济铁路，沿线矿山，亦一律交还，但允日人投资三分之一。
  - （3）烟潍铁路由中国自筑；高徐、顺济铁路，由国际财团出资承办。

- 4.《二十一条》未能取消——1915年，日本乘欧洲大战方酣时，对中国所提的《二十一条》，也曾由中国代表向大会提出，请愿取消；但因各国碍于日本在东亚之势力，未能满足中国之愿望，终于1931年9月18以后，发生日本用武力夺去东北三省的事实。

华盛顿会议的结果 ── （四）雅浦问题
- 雅浦为北太平洋德属诸岛之一，巴黎和会委任日本统治，但美国十分反对；至华盛顿会议，日本竟在会外与之秘密协商，以中国问题为交换条件，使美国踌躇满志，双方签约，议决：
  1. 美国承认日本在太平洋赤道以北前德国岛屿之委任统治权。
  2. 日本承认美国在雅浦有通过及建设海电、无线电之权，美国国民有居住、置产、兴学、经商之权。

第三节　第一次世界大战后的美国和日本

一、战后的美国

（一）隆盛——美国自十九世纪以来，国势已隆盛异常，嗣受欧洲大战的影响，工商业大形发展，当时协约诸国皆向它借贷巨款，因此美国有黄金国之称。

（二）不加入国联
- 一因不愿参加欧洲的纠纷。
- 一因英国各自治殖民亦得参加联盟，势力太大。

（三）和平运动
1. 1921年，发起召集华盛顿会议。
2. 1924年，后的德国赔偿问题，美国从中主持。
3. 1927年，后又和墨西哥解决多年的纠纷，以便致力于中美势力的发展。
4. 1927年，又和法国发起缔结《非战公约》，希望把国际战争根本消灭。
5. 1930年，发起举行伦敦海军限制会议。

（四）面临的困难——受全世界经济不景气的影响，经济萧条，失业人数增多，1933年罗斯福新任总统后，实行重开酒禁、通货膨胀与白银政策等以谋救济。

二、战后的日本

（一）隆盛
- 世界大战，日本离欧洲战场甚远，损害无多，而一面国内工业都因欧洲无力竞争而骤形发达，因此就称霸东亚。
- 1914年，借口欧洲战争而夺去德国在中国和太平洋上的权利和领土。
- 1915年，欺我国的孤立无助，提出二十一条，故欧洲大战期间，实日本甚为得意之时也。

（二）日、美的恶感
1. 日本的强盛向为美国所深忌。
2. 自日本夺去中国的东三省和内蒙古后，两国感情更恶。
3. 美国在巴黎和会中，很想把山东问题公平解决，日本就提出人种平等案，去抵制美国对于亚洲人入境的限制。
4. 1921年华盛顿会议与1930年伦敦会议中，日本的海军力都受美国的主张而有所限制，于是日本对美之感情日恶。
5. 1931年，日本用武力强占中国的东三省，美虽宣言绝不承认，但因本身经济问题无法解决，不敢和日本挑战，亦空口说白话而已。

（三）困难
1. 人民生活程度日高，生活颇属困难。
2. 为实现大陆政策，势必扩充军备，人民负担日重，生活更难。
3. 1916年以来，国内已有工会的组织和罢工的运动。
4. 中国的抵制日货运动，几乎未曾中止，日本经济大受影响。
5. 强占中国的东三省，问题正多。

第四节　拉丁美洲的状况

拉丁美洲的状况
- （一）名称的由来——中美和南美，在十九世纪初年以前，都是拉丁民族（西班牙和葡萄牙）的殖民地，因以有拉丁美洲的总称。
- （二）最大的四国——洲中共有共和国二十个之多，其中以中美的墨西哥和南美的阿根廷、巴西和智利等国为最大。
- （三）各国共通的政情
  1. 国体全名共和，实则军阀专政。
  2. 各派军阀常因争夺政权，引起无数的革命和政变。
  3. 各国的经济权几都操在美国人的手中，而无法自拔。
  4. 各国间常因疆界或其他问题而引起战争。

  因此它们虽地大物博，民族相同，而内部除南美的三大国外，无不政局纷扰，给北美的美国以侵略的机会。

第五节 民族解放运动

一、亚洲民族解放运动的兴起
- （一）亚洲各民族除日本外，自十六世纪欧人东来之后，或受侵略，或竟灭亡，几有同归于尽的趋势。
- （二）自美国威尔逊总统提出民族自决的原则以后，亚洲各地被压迫的民族，精神为之一振。
- （三）后又有苏俄的共产党以扶助弱小民族，打倒帝国主义，为实现世界革命的策略，于是更促进民族解放运动。

二、土耳其二次革命成功
- （一）大战后，土耳其国民党人在凯末尔领导之下，自1919年起，开始在小亚细亚组织国民军从事革命运动，以安哥拉为大本营。
- （二）1920年，召集国民议会，组织政府，并和苏俄及法订立条约。
- （三）自1920年，至1922年间，大败英帝国主义的工具希腊。
- （四）1923年，与英、法、美、俄、日、意诸国开会于洛桑，结果从前的一切不平等条约，竟得一概废除。
- （五）同年，土耳其共和国正式宣布成立，并选凯末尔将军为大总统。
- （六）1924年，撤销宗教法院，颁布宪法，新土耳其的建国乃完全成功。

三、波斯（伊朗）的解放
- （一）1919年，英人想把波斯改为保护国，因波斯得苏俄的援助，竭力反对而罢。
- （二）1921年，波斯礼萨·汗得俄人之助，发生政变，推翻亲英内阁，一面并和苏俄订盟以对英国。
- （三）1925年，废旅居法国的旧王，突厥人所建的王朝至此绝祚，礼萨·汗被选为国王。
- （四）1928年后，英国先取消不平等条约，并承认其关税自主，多年屈服于英、俄两国势力之下的波斯，到此乃得解放。1935年，更名为伊朗。

四、阿富汗的改革运动
- （一）阿富汗位于波斯的东方，素为英、俄角逐的场所。1919年，旧王被刺，新王阿曼努拉·汗即位，挡住了英国从印度方面的入侵，英国乃于1921年承认其完全独立。
- （二）新王于一九二八年遨游欧洲，并和土耳其、波斯等国，订定通好的条约；归国后，努力改革，气象一新。
- （三）不久国内旧党因反对新政而叛乱，国王不得已退位出国，亲英的纳第尔·汗得英人之助而入继王位。

五、爱尔兰的独立运动
- （一）欧洲大战期中，爱尔兰人乘机暴动，到1919年建设一个共和国。
- （二）1922年，英国正式承认爱尔兰为自由邦，设国会为自治政府，由英王任命总督一人为行政元首。
- （三）共和派的领袖德瓦莱拉则始终主张绝对的独立，并以改建共和政府为目的。

六、埃及的独立运动
- （一）埃及于大战告终后，开始从事于独立运动。
- （二）领袖柴鲁尔于1919年起向英要求独立，英国将他流到马耳他岛，于是埃及人到处叛乱，英政府不得已，乃于1922年允其独立。
- （三）1923年颁布宪法，成为君主立宪国，设两院制的国会。
- （四）柴鲁尔任第一次内阁总理，更向英国要求撤退驻兵，交还苏丹；但英国因不肯放弃苏丹和苏伊士运河的保护权，双方相持，无解决办法。

七、印度的独立运动

（一）因欧洲大战初起的几年中，印度全境无处无革命运动，1919年，发生英国军队虐杀民众数百人的惨案。

（二）此后民族运动中产生一个领袖名甘地者，创"不合作"主义，想用抵制英货的手段，不再纳税；迭开全印会议，鼓吹全国实行，谋取印度的独立。

（三）1930年，甘地又发起反抗食盐公卖。

（四）英国政府虽屡次宣言将来必给印度以自治权，并于1930年后在伦敦迭开圆桌会议，但是一面借口印度人民程度的不够，一面借口印度境内人种、宗教的复杂，终于没有实行。

（五）1928年来，英国派遣的西蒙调查团所提出的联邦制度，和分不同宗教的选举法，又为印度人民所万难接受者。

第六节　自近古到现代的科学

一、天文学和数学、物理学
- 波兰人哥白尼倡地动说，主张以太阳为宇宙之中心。
- 意人伽利略长于天文及物理学，发明望远镜，以开始天体之观测。
- 德人开普勒长于数学及天文学，发现行星轨道与运行的法则。
- 英人牛顿发明"万有引力"之理及物体运动的三大定律，在物理学上的贡献至大。
- 法人拉普拉斯长于天文学、数学，倡星云说（在他约四十年之前，德国之康德大哲学家倡星云说，以发表太阳系之成因）。
- 法人勒维耶由数学上的推算，以发现海王星。
- 德人迈尔和亥姆霍兹倡能量守恒定律。
- 德人伦琴发现 X 射线。
- 犹太人爱因斯坦创相对论。

二、化学
- 法人拉瓦锡通过分解水的方法，证明了氧气的存在，为近世化学之祖。
- 英人道尔顿发明"原子"说。
- 法人居里夫妇发明"镭"以后，又有电子说。
- 德人李比希发明用化学的方法制造有机物，被称为"有机化学之父"。

三、地质学——英人莱尔创著《地质学原理》，倡地球逐渐形成说。

四、生物学
- 英人达尔文创著《物种起源》，发明一切生物逐渐进化论，是现代新科学成立的功臣。
- 英人赫胥黎亦系有名之进化论者。
- 法人布封于博物学深有研究，贡献极多。
- 瑞典人林奈创植物分类法。
- 德人施莱登与施旺共同创立细胞理论。

五、电学
- 英人富兰克林、加尔瓦尼和意大利人伏特等发明电学的原理，为电气实用的基础。
- 英人法拉第创电磁感应定律。

六、医学
- 法人居维叶创解剖学。
- 英人詹纳发明种牛痘的方法。
- 英人哈维发明血液循环之理。
- 美人威廉森·朗等应用麻醉以减少病人的苦痛。
- 英人利斯特发明杀菌剂以减少病人用手术染毒而死的人数。
- 德人罗伯特·科赫是细菌学之泰斗,发现霍乱菌。
- 法人路易·巴斯德开创微生物生理学,发明狂犬病疫苗。

七、科学的应用
- 美人富尔顿发明轮船。
- 英人史蒂芬孙发明火车。
- 德人高斯和韦伯发明电报机,由美人摩尔斯完成之。
- 英人贝尔发明电话机。
- 意人马可尼发明无线电报机。
- 美人爱迪生发明电灯、电影、留声机等。
- 美人莱特兄弟发明飞机。
- 德人齐柏林发明飞艇。
- 美籍爱尔兰人霍兰研制潜水艇。